Neuro-Linguistic Programming

NLPの基本がわかる本

山崎啓支

実務入門

日本能率協会マネジメントセンター

● はじめに ●

「優れた基本書」といえる本を書いてみたい。できれば、何度も読んでいただけるような本を書いてみたい。

それが、今回の執筆の動機でした。

すでに、コミュニケーションの分野では多くの本が出版されており、優れた良書もあります。あらためて本を書くといっても、どのような本を書けば読者のためになるのかを考えました。その結果として浮かんだのが、「優れた基本書」を書くという発想でした。

個人的な考えですが、「基本書」といっても、ただ単にわかりやすい、薄っぺらい本を書くことではないと思いました。私もたくさんの本を読んできましたが、サーッとすぐに読めてしまった本は、読み終わった後にすぐに忘れてしまうものが案外多いと感じています。時間が経った後に、内容が思い出せない本は、読者のためになるとは思えません。

では、どんな本が読者のためになる本と言えるのか？

これも私の主観ですが、読み終わってから何かが変化して、日常の行動に影響がでるような本、あるいは「そうだったのか」と強い感銘を受けて何年か経っても、印象に残っている本なのではないだろうかと思います。

では、私たち人間が長い時間が経っても忘れずに覚えていることって、どんなことでしょう？

その答えとして、私たちの学生時代の「学び」が挙げられるのではないかと思います。

小学校、中学校、高校と私たちは授業を通じて膨大な知識を学びます。しかし、学校を卒業して10年、20年と経って、中学、高校時代を振り返って印象に残っていることってどんなことでしょう？

おそらく、英語・数学・国語など授業で学んだ具体的な知識ではなく、先生の人柄とか、クラブ活動から学んだチームワークとか、ある

いは、友人との関係から学んだ人間関係などではないでしょうか？

　知識やノウハウが重要ではないとは言いません。それもとても大切なことだと思います。現にこの本でご紹介しようとしていることも、コミュニケーションのノウハウです。しかし、一瞬、短時間の間だけ覚えていることよりも、長い時間が経って憶えていることのほうが価値があるのではないでしょうか。

　そして、<u>長い時間が経って重要なことは、表面的な知識ではなく、その深い部分にある本質的なこと</u>なのではないかと思います。

　コミュニケーションも本質が大切だと思います。たとえば、私たちは毎日会話をします。会話は言葉を使って行われるわけですから、「相手に好印象を与える言葉の使い方」などを学ぶことは大切なことです。

　しかし、そもそも「言葉の使い方」を学ぶ前に、「言葉そのものについての理解」や、「人間がコミュニケーションにおいて、どのように言葉を発し、どのように言葉を受け取り影響を受けるのか」といった、より本質的な理解が土台になければ、表面的な知識になりかねません。

　言葉の使い方に関する優れた本はたくさんありますが、言葉そのものの重要性など、コミュニケーションの本質を学ぶことができる基本書は少ないように思います。

　このような理由で、「コミュニケーションの本質」を理解することができる「基本書」とするべく執筆を進めました。

　<u>この本で、読者の皆さんに「コミュニケーションの強力な土台」を提供したいと思います</u>。そして、この本を読んでいただいたうえで、類書を読んでほしいと思います。土台（本質の理解）がしっかりしていれば、応用的な本を読んだときに、よく理解できるばかりではなく、しっかりと強い知識になると信じて疑いません。逆に、もし土台そのものが間違っていたら、新たに学ぶ知識はすべて間違った理解につながってしまうのです。

そして、コミュニケーションほど、実は間違った理解がなされているものはないと思っています。つまり、コミュニケーションにおいて多くの人が土台だと思っているものに大きな欠落があるのです。この本では、私たち人間が見落としているコミュニケーションの致命的な欠落とその対処方法をお伝えしたいと思います。そして、正しく安全なコミュニケーションの土台を作っていただきたいと切に願います。

　この本は「NLP（神経言語プログラミング）」を応用したコミュニケーションに関するものです。「NLP（神経言語プログラミング）」は、1970年代にアメリカで開発されたユニークな心理学的な手法です。アメリカでは「脳の取扱い説明書」とも呼ばれています。もともとは創始者であるリチャード・バンドラーとジョン・グリンダーの二人が、その当時天才と言われた3人のセラピストの研究からスタートしました。彼ら3人の天才セラピストたちは、並のセラピストたちが何年もかかって治療することができなかったクライアントすら、短期間に治療したと言われています。まさに、天才的に言葉を使って、クライアントに劇的な変化を作り出したのです。バンドラーとグリンダーが書いた最初の本は「魔術の構造」という題名でしたが、まさに魔法のように言葉を駆使したセラピストたちの言葉の使い方についての本でした。

　NLPは「神経言語プログラミング」と邦訳されますが、言語が人間にどんな影響を与えるのかについての一連の研究からスタートしています。先ほど、「コミュニケーションの強力な土台を提供したい」とお伝えしましたが、コミュニケーションの道具である言葉のパワーを知るのに、これ以上のコンテンツはないと思います。この本の中でも、言葉がどのように人間に影響を与えるのかを、多くのページを使って説明しました。言葉は私たちが思っているよりも大きな影響力をもっています。しかし、私たちは、言葉による影響を無意識レベルで受けていて、意識で気づけていないことが多いのです。

　この本の読者の多くは、ビジネスなどの現場の状況を改善したいと思っている忙しい方ではないかと思います。ですから、現場で役に立

つことを第一に考えました。より実践的な本にするために、複雑な概念もあえてシンプルないくつかの原則にして解説しました。なぜなら、**日常での実践は複雑なものより、シンプルなもののほうが役に立つからです**。

　この本はあくまで理論書ではなく、実務書をめざしました。ですから、理論的に厳密という本ではなく、わかりやすさを追求するというスタンスで書きました。正しさを追求しようとすると、複雑で理論のための理論学習に陥る可能性があるからです。

　先ほど、読んでも忘れてしまうようであれば意味がないと書きました。大切なことは、長い時間が経っても、その本に書かれていることの印象が残っていて、影響を受け続けていることだと思います。そのために、たくさんのスキルをご紹介するのではなく、厳選したもっとも重要なスキルを繰り返し繰り返し、さまざまな事例を通して、飽きさせないよう書くべく努めました。

　何かを習得するには、一度習うくらいではうまくいきません。いかに優れた本であっても、一度本を読んだくらいで、すべてを実践することはできないでしょう。この本を読まれる方の多くは、忙しいビジネスパーソンだと思います。できれば、この本を繰り返し何度も読んでいただきたいのですが、物理的に時間がないかもしれません。ですから、この本は**一度完読するだけで、重要事項が何度も復習できるような重層的な構造にしました**。この本に書かれている内容が、長い時間が経っても読者の人生に恩恵をもたらすことを切に願います。

　この本を執筆するにあたり、予想外に長い時間がかかりました。何度書き直したかわかりません。簡単な本ですが莫大な時間とエネルギーを注ぎました。

　少しでも、この本を読まれる皆さんにとって益するものであればと願っています。

2007年7月
山崎啓支

CONTENTS

はしがき …………………………………………………………………… 3

プロローグ 人間力を最大化する脳の基本プログラム

1　NLPとは ………………………………………………………… 12
2　ビジネスにおいて人間力を最大化する方法 ………………… 14
3　脳のプログラムはどうなっているか …………………………… 18
4　脳の基本プログラム「空白の原則」を活用する …………… 20
5　脳の基本プログラム「焦点化の原則」を活用する ………… 24
6　脳の基本プログラム「快・痛みの原則」を活用する ……… 28
7　コミュニケーションのプロセスにNLPが有効 ……………… 32
8　言葉は体験が作り出す ………………………………………… 36
9　プログラムの作り方は？ ……………………………………… 40
10　学習には4つの段階がある …………………………………… 44

第1章 能力を倍増させる言葉の使い方、質問のノウハウ

11　ミスコミュニケーションの本当の理由①：
　　情報は省略される …………………………………………… 50
12　ミスコミュニケーションの本当の理由②：
　　言葉の受け取り方には違いがある ………………………… 54
13　ミスコミュニケーションの本当の理由③：
　　各人のフィルターで歪曲する ……………………………… 58
14　ミスコミュニケーションを防ぐ方法 ………………………… 62
15　言葉のパワー：肯定的な言葉が前向きな気持ちを生む ……… 64
16　相手に意図的に体験を作り出す …………………………… 68
17　身体感覚へのアクセス ……………………………………… 72
18　短時間で気持ちを変化させるプレゼンテーション ………… 74
19　質問が相手の方向を決定する ……………………………… 78

20	部下を有能にする質問、ダメにする質問	80
21	質問は相手の潜在力を引き出す	82
22	エジソンも活用した潜在意識活用法	84
23	自問自答が一日の仕事に影響を与える	86
24	自問自答を使ってセルフコントロールする	88
25	質問が成功の習慣を作る	90
26	状況に応じた効果的な質問例（リフレーム）	92
27	間接的な表現で部下を納得させる	94
28	質問を主体にしたコーチング	96

第2章　相手の意識のレベルに応じたコミュニケーションの仕方

29	「意識のレベル」とそれに対応する言葉	102
30	５つの意識レベルの事例	106
31	使命感や価値観が行動に影響を与える	108
32	成功者のモデリングをする	112
33	５Ｗ１Ｈの質問で相手の意識レベルを探り出す	116
34	部下をやる気にさせる効果的なほめ方・叱り方	120
35	効果的な叱り方の事例	124
36	役割（立場）が能力を決定する	128
37	セールスで成功するアイデンティティーとは？	130

第3章　コミュニケーションでリーダーシップを発揮する絶対条件

38	人はどんなセールスパーソンから買うのか？	136
39	コミュニケーションの大前提はラポール（信頼関係）	140
40	なぜ相手に合わせることが重要なのか？	142
41	相手に合わせられることを見つけていく（ペーシング）	144
42	コミュニケーションとは話した言葉以上のもの	146
43	強力な信頼関係を作るポイント	150
44	人のパターンを知る処方箋（優位感覚）	152

45	優れたコミュニケーターは場の雰囲気を読む （キャリブレーション）	156
46	各タイプのコミュニケーションのくせ	160
47	相手が考えていることを知る方法 （アイアクセシングキュー）	164
48	タイプ別、クライアントの心に響く言葉	168
49	戦略に沿った提案の仕方	170
50	コミュニケーションの本当の目的（リーディング）	174
51	絶対成功するコミュニケーターの条件	176
52	聴衆に変化をもたらす2つの姿勢	180

第4章 パワーコミュニケーションの実践

53	ものごとを見る視点を変える（フレーミング）	186
54	プレゼンテーションの効果を決める初頭効果	190
55	天才セラピストのパターン認識で ミスコミュニケーションを防ぐ（メタモデル）	194
56	正確なコミュニケーションを取り戻す方法は？	198
57	可能性を広げる質問方法	202
58	省略に関する質問	206
59	歪曲に関する質問	210
60	一般化に関する質問	212
61	言葉は体験をコンパクトに伝えることができる	214

あとがきにかえて 218
索引 220
参考文献 222

プロローグ

人間力を最大化する
脳の基本プログラム

1 NLPとは

　まず、NLPとは何か？　簡単にご説明します。
　NLPとはNeuro-Linguistic Programming（ニューロ・リングウィスティック・プログラミング）の頭文字を取ったもので、日本語では「神経言語プログラミング」と言われています。

　"N"は「ニューロ（Neuro）」、神経を意味し、わかりやすくとらえるために、ここでは「五感」と考えてください。
　"L"は「リングウィスティック（Linguistic）」、つまり「言葉」を指します。
　そして、"P"は「プログラミング（Programming）」を意味します。

　つまり、NLPは「五感」と「言葉」と「プログラム」と深い関係があり、わかりやすく表現すると**「五感と言葉が脳のプログラムを作ったり起動させる」**と考えることができます。
　たった今、脳のプログラムとお伝えしましたが、NLP発祥の地アメリカでは、「脳の取扱説明書」とも言われています。
　私たち人間はパソコンや電化製品などの取扱説明書を読み込みますが、意外にももっとも大切な取扱説明書である自分自身の取扱説明書、つまり脳の取扱説明書を読むことはありません。なぜなら、それを持って生まれてくることはないからです。これは、自分自身の効果的な活用法を知らないということを意味しているのです。
　NLPは脳に関する実践的な研究で、その応用範囲は人間の営みの大半に関わってきますが、この本では主にコミュニケーションに焦点を当ててご紹介します。

NLPは脳の使用説明書

NLP

| Neuro
五感 | Linguistic
言葉 | Programming
プログラム |

五感と**言葉**が脳の**プログラム**を作ったり起動させる

② ビジネスにおいて人間力を最大化する方法

　ここで、この本のテーマの１つについて、簡単にご説明します。
　まず、「人間力の最大化」とは何か？

　ここでは、「人間の潜在的な脳力を顕在化することによって、人間が本来生まれ持っている能力を最大限発揮する」と定義します。

１ 状態が能力を決定する

　では、どのようにして「能力」を発揮するのか？
　それを簡単にご紹介します。NLPでは「状態が能力を決定する」と考えます。たとえば、オリンピックなどプレッシャーのかかるとき、実力があるのに４年に一度の大会で力を発揮できない選手もいます。これは、力（能力）はあるが、緊張した状態になって力が発揮できていないと考えることができます。
　私たちのビジネスの場面においても、大事なプレゼンテーションなど、たくさんの人の前や役職の高い人たちの前で話すときに、うまく話せないという経験をおもちの方もいらっしゃると思います。１対１ならうまく自分の考えを伝えることができるのに、重要な場面ではうまくいかない。これはどういうことかといいますと、緊張した状態だから話せない。能力はあるが、話せない。つまり、「緊張し、"落ち着こう"と"意識"というコンピュータが命令するが、なかなか命令どおり動いてくれない」という状態を意味しているといえます。
　逆に、会社の外の人たちを対象としたプレゼンテーションでは緊張してうまく話せないのに、同じ内容でも社内の勉強会などではとても雄弁に語る人を知っています。社内と社外、何が違ってくるのか？

「違い」があるとすれば、プレゼンテーションを行う人の「状態」の違いと考えることができます。

社内でうまく雄弁に話すことができたとしたら、「能力」がその人の中にないとは言えないですね。「能力」がないのではない、「能力」が発揮できない。これがより正しい表現だと思います。つまり、「状態が能力を選ぶ」ということになります。

2 状態はVAKによって作られる

では、状態はどのようにできるのか？

これをコンピュータにたとえてご説明します。

まずは五感。これは脳に情報を入力するキーボードと考えていただくと、わかりやすいと思います。

五感は、視覚、聴覚、身体感覚、嗅覚、味覚のことで、英語の頭文字をとってVAKOG（Visual＝視覚, Auditory＝聴覚, Kinesthetic＝身体感覚, Olfactory＝嗅覚, Gustatory＝味覚）といいます。NLPでは、「視覚情報＝V」「聴覚情報＝A」「身体感覚情報＝K」の3つの感覚を重要視します。ここではOとGはKの一部と考えます。

たとえば、映画監督は、主に「視覚情報＝V」と「聴覚情報＝A」で映画を見ている人の気持ち、感情を作っていきます。映画「ジョーズ」では、まずサメが人の足を引きちぎったりする生々しいシーンなどを見せます（V）。そして、「あのバックミュージック」（A）とともに、沖のほうからサメのヒレが迫ってきます。すると、それを見ている映画の観客は、「早く逃げろ！」と恐怖心に駆られた状態（K）になります。

逆に、日常生活で、一家団欒でお気に入りのレストランに入るときは、目からはほどよい明るさの照明が入り、心地よいジャズの音が聞こえ、おいしいものを食べるとすごく幸せで、くつろいだ状態（K）になります。

つまり、五感が状態を作ります。

3 良い状態は自ら管理できる

では、仕事をするうえで良い状態とはどんな状態なのでしょう？

自信がある、なしでは、どちらがいいのか？　希望があるのとないのでは？　やる気ある状態と落ち込んでいる状態では？

どちらが良いのかは言うまでもないと思います。

「良い状態」をまず知って、それを作ることのできる五感情報を知ることで、ある程度状態管理ができると、NLPでは考えます。

NLPトレーナーで世界的コーチとしても有名なアンソニー・ロビンズという方がいます。彼はクリントン大統領、テニスのアガシ、俳優のアンソニー・ホプキンスなどをコーチングしてきたと言われています。

彼がアガシをコーチングしたとき、この「**良い状態を知って、それを作ることのできる五感情報＝VAK（視覚・聴覚・身体感覚）**」を調べたと言われています。

勝っているときと負けているときのVAKを洗い出して、勝っているときは何が見えているか？　逆に、負けているときは何が見えているのか？　聞こえるものは？　どう聞こえているか？　自己対話は？　勝っているときはどんな感覚（K）を感じているのか？

勝っているときは、「胸を張った感じで、力が入っているわけではないが力強い感覚がある」。そして、サーブ前のテニスボールがリズムよく弾む感覚もある。このように、勝ったときのVAKを何度も何度も再現させて、27位だったアガシは、半年で1位となったそうです。

この本では、コミュニケーションという切り口で、これらVAKの使い方や、対話やプレゼンテーションに役立つ状態管理の方法などをお伝えします。

人間力を最大化するには？

人間力の最大化

＝人間の潜在的な脳力を顕在化することによって、人間が本来生まれ持っている**能力**を最大限発揮する

↑

能力は**状態**に左右される

↑

状態は**VAK**に左右される

Kinesthetic

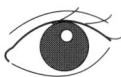
Visual

Auditory

3 脳のプログラムはどうなっているか

　脳はコンピュータにたとえることができるとお伝えしました。
　そして、私たちがコンピュータを使いこなすためには、コンピュータの基本的なプログラムを知る必要があります。たとえば、コンピュータの基本プログラムとして、OSと呼ばれるソフトがあります。OSとはコンピュータそのものを起動するソフトで、ウィンドウズがそれにあたります。私もコンピュータを使い始めたころ、コンピュータの先生にパソコンの上達の方法を聞いたことがあります。そのとき、その先生は、「1日でも2日でもいいからウィンドウズそのものを理解するための勉強をしたほうがよい、長い目で見たらずっと効果的にパソコンを使えるようになる」と言われました。
　人間の脳というコンピュータについても、同じような考え方ができます。自分の脳の基本プログラムを知らなければ、限られた方法でしか脳を使えないことになります。効果的に脳を使いこなすためにも、脳の基本プログラムを先に学ぶことは大切なことです。
　ここでは、それをシンプルに3つにまとめました。

〈脳の3つの基本プログラム〉
① 「脳は空白を作るとそれを埋めようとする」（空白の原則）
② 「意識は同時に2つ以上のことをとらえるのが苦手である、よって焦点化が起こる」（焦点化の原則）
③ 「脳は快を求めて痛みを避ける」（快・痛みの原則）

※この3つの原則は、NLPをわかりやすく理解するために、脳機能を研究したうえで私が名づけたものです。

コンピュータに学ぶ脳の3つの基本プログラム

脳とコンピュータ

似ている！

OSを理解すれば、より効果的に使えるようになりますよ！

❶ 空白の原則	❷ 焦点化の原則	❸ 快・痛みの原則
	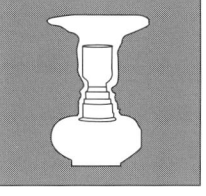	
脳は空白を作るとそれを埋めようとする。	意識は同時に2つ以上のことをとらえるのが苦手である、よって焦点化が起こる。	脳は快を求めて痛みを避ける。

4 脳の基本プログラム「空白の原則」を活用する

　3つの脳の基本プログラムの一番め、「脳は空白を作るとそれを埋めようとする」についてご説明します。

1 脳は空白＝疑問を埋める答えを探し続ける

　まず、「空白とは何か？」
　わかりやすく言うと、空白とは疑問のことです。つまり、「わからないこと」。
　では、「空白を埋める」とは何か？
　ここで大切なことをお伝えします。それは、脳は「わからないという状態（空白）」をとても嫌うという性質があるのです。結果として、脳はわからないことがあると、その答えが埋まるまで無意識に答えを探し続けることがあるのです。
　どういうことか？
　たとえば、「今日の朝食は？」と聞くと、すぐ答えが返ってきますね。このような簡単な質問でしたら、空白はすぐに埋まると思います。
　では、「マネジメントの本質は？」と聞くといかがでしょう？
　これは深い問いであり、そうやすやすと答えることはできないと思います。このように、難しい質問をされるとどうなるか？

2 脳は解決できない問題に潜在意識も動員する

　解決できない問題を抱えると、脳はそれに答えようと必死で答えを探し出します。そして、このように脳が答えを探しているとき、「意識（顕在意識）」のみならず「潜在意識」も答えを探すために協力するといわれています。

これを私の個人的な体験談を通してご説明します。

私は就職活動当時、「よい会社ってどんな会社なんだろう？」「自分は何に向いているのだろう？」などと考えていました。しかし、初めての就職活動ですので、なかなか自分自身に投げていたこれらの「問い」の答えがわかりませんでした。つまり、**埋めることのできない空白があったということになります。**

そして、私はその就職活動の期間限定で、不思議な能力を発揮していたのです。

不思議なことに、新聞をただ読んでいるだけで、求人情報が私の目に飛び込んできたのです。たとえば、新聞紙の左下のほうに細かく書かれた求人広告ですら、漏らすことなく発見していました。また、街を歩いていても、ビルのかなり上のほうに小さく掲げられた求人広告ですら、ピンポイントで気づくことができました。

もちろん、意図的に発見したのではありません。意識していなくとも、なぜか情報のほうが飛び込んできたという感じの体験でした。

しかし、今は、求人広告を見つける特殊能力は失われてしまいました。

なぜ、その当時はあって今はないのか？

就職活動当時の私は「就職」に関して強烈な問題意識をもっていたので、無意識（潜在意識）がそれに関する情報を察知し、知らせてくれていたのです。つまり、なんらかの問題意識があるとき、脳に「問い＝空白」ができていて、意識のみならず無意識までがその空白を埋めるために協力してくれていると言えます。

読者の皆さんの中にも、同じような体験があるのではないでしょうか？

何か解決できない問題を抱えているときに、解決のヒントになるような情報が飛び込んできたという体験をしたことのある方は意外と多いようです。つまり、脳は未解決な問題を抱えている状態を嫌うので、無意識（潜在意識）をも活用して解決しようと動き出すということで

す。

　裏を返せば、私たちがどんな「問題意識＝問い＝空白」をもつかによって、私たちが収集したり体験したりすることが決まってくると考えることができるとも言えます。
　よって、**意図的にほしい情報が埋まるように「空白」を利用する**ことは、脳を効果的に使うために役立ちます。
　さらに、私たちはこの空白の原則を使って効果的に学習することができるのです。
　たとえば、私は研修などで何かを教えるとき、初めは抽象的な表現を使って少しわかりにくく教えることがあります。そうすると、受講生の方々の頭に空白ができて、受講生の意識のみならず無意識（潜在意識）までが知りたいと感じはじめます。そして、しばらく「わからない」という少しモヤモヤした気持ちを感じてもらってから答えをお伝えすると、集中して聴き、印象深く（強いインパクト）記憶してもらえるのです。
　これは推理小説と同じ手法です。推理小説もなかなか犯人がわかりません。ですから、知りたいという気持ちが強くなり、高いモチベーションで読み続けます。そして、犯人がわかったときには、「なるほど！」と強いインパクトを伴った記憶となり、なかなか忘れません。
　逆に、わかりやすい本はすぐに読めてしまいますが、忘れてしまうものも多いのです。インパクトに欠けるからです。
　私が行ういくつかの研修では、まずスタート時に抽象的かつ好奇心を感じさせるようなテーマの話をします。そして、受講生に良い空白（良い疑問）をもってもらい、終盤に近づくにつれ具体的な内容を徐々に伝えていきます。そして、最後は、受講生の空白を埋めて強い印象とスッキリした気持ちを感じながら帰っていただくようにしています。
　この本でも、最初は抽象的に、そして最後のほうでより具体的に解説している項目もあります。これも「空白の原則」の応用です。

空白の原則を生む脳のメカニズム

空白の原則
＝脳は空白があるとそれを埋めようとする

空白＝わからないこと
脳は「わからないという状態（空白）」をとても嫌う

よい会社ってどんな会社なんだろう？
自分は何に向いているのだろう？

強烈な問題意識があると、潜在意識もよく働いて、それを埋めようとする。

- テレビを見ていたら、それがきっかけで空白が埋まったり
- 何かを読んでいたら、それがきっかけで空白が埋まったり
- 広告が目に入り、それがきっかけで空白が埋まったり
- 友人との会話がきっかけで、空白が埋まったり
- 景色を見ていたら、それがきっかけで空白が埋まったり

5 脳の基本プログラム「焦点化の原則」を活用する

今度は、脳の3つの基本プログラムの2つめの「焦点化の原則」を扱っていきます。

> 「意識は同時に2つ以上のことをとらえるのが苦手である、よって焦点化が起こる」（焦点化の原則）

1 人間は見たいものしか見えない

私たちは、毎日の日常の中で、五感（VAKOG）を通して外界の世界を認識しています。では、人間は皆、まったく同じように五感を使っているのでしょうか？

冷静に考えれば、人それぞれ五感の使い方は異なっているということがわかるはずです。たとえば、店に入るという体験をしても、経営コンサルタントと一般の消費者ではまったく目に入る情報が違うでしょう。経営コンサルタントは、店の通路幅とか、陳列の形式などに目がいきます。しかし、一般の消費者は、ほしい商品がどこに置いてあるかに焦点が当たるでしょう。また、新しく車を購入した経験がある方もいらっしゃるでしょう。車を買い替えようとしているときに道路のほうに目を向けると、自分が購入しようとしている自動車メーカーの車や車種がよく目に入ったという経験があると思います。バッグなどでも同じです。大好きなブランドのバックはよく目に入ります。しかし、ブランド品にもともと興味がない方は、誰がどんなバッグを持っているのかにも気づきません。

このように、<u>私たちは五感を通して外界の世界から情報を受け取っ</u>

ていますが、焦点が当たっているものしか気づかない（見えない）のです。

2 意識は同時に2つのことをとらえられない

　私たちが何かを理解するとき、意識・無意識（潜在意識）という2つの視点から考えると役に立ちます。意識はその名のとおり、私たちが気づいている自分です。それに対して、無意識（潜在意識）とは、自分では気づいていないが、自分の中にある大きな潜在的なパワーを秘めた部分です。意識と無意識（潜在意識）のどちらがパワフルかというと、あらゆる能力開発の本に無意識のパワーのほうが圧倒的であると書かれています。

　意識はかなり性能の悪いコンピュータのOSにたとえることができます。コンピュータのOSはウィンドウズのことだとお伝えしましたが、現在は性能の高いOSであるウィンドウズXPやウィンドウズVISTAが普及しています。これらは性能が良いのでめったにフリーズしません。しかし、かつて普及していたOSであるウィンドウズ95はいくつかのソフトを同時に立ち上げるとフリーズして動かなくなりました。

　意識が性能の悪いコンピュータのOSにたとえることができるとお伝えしましたが、その理由は意識もウィンドウズ95と同じようにすぐに混乱してフリーズするからです。意識はキャパシティーが少ないので、少しの情報しか扱うことができず、2つの情報を同時に処理することすらも難しいのです。

　たとえば、皆さんはこの本を読まれていますが、この本をしっかりと読みながら、仕事のことを同時に真剣に考えるのは難しいと思います。意識は同時に2つのことをとらえることも難しいのです。皆さんは過去のうれしかったときの体験を思い出すことはできるでしょう。また、過去のつらかった体験も思い出せるでしょう。しかし、うれしかったときの体験と、つらかったときの体験を同時に思い出そうとし

たら、頭が混乱してどちらも思い出すのが困難な状態になると思います。記憶を思い出すとき、2つの別々の記憶を同時に思い出そうとしたら、イメージが散漫になってどちらも思い出せないのです。しかし、1つならば、ありありと臨場感をもって思い出せます。

3 意識は焦点を当てたものしか見聞きできない

電車の中で本を集中して読んでいたら、すぐ隣に座っている人たちが何を話しているのかに気づきません。また、オフィスで集中して仕事をしているとき、空調の音は聞こえません。しかし、休憩時間などにオフィスの環境に意識を向けると、空調の音がハッキリと聞こえてきます。それでは、空調の音はなかったのでしょうか？ または、耳に入っていなかったのでしょうか？ もちろん、それは違いますね。ただ単に、焦点が仕事に向かっていただけです。

このように、意識はそれほど性能がよいわけではないので、原則的に1つに**焦点化**してはじめて使うことができるのです。先ほど、「人間は見たいものしか見えない」と、新車やバッグの事例を使ってご説明しました。そして、「私たちは五感を通して外界の世界から情報を受け取っていますが、焦点が当たっているものしか気づかない（見えない）」と書きましたが、その理由をご理解いただけたかと思います。

仮になんでもかんでも情報が一度に見えたり、聞こえたりしてしまうと、パニックになってコントロール不能の状態になってしまいます。だから、脳は焦点化することによって、多くの情報を自動的に省略し特定のものしか見えないようにしている、つまりフリーズしないようにしているのです。

このように、<u>私たち人間の意識は、いつも限られた世界しか体験することはできない</u>のです。これは私たちの脳は<u>世界をシンプルにとらえる傾向がある</u>という考え方につながりますが、それは順を追って説明します。

プロローグ　人間力を最大化する脳の基本プログラム

焦点化の原則を生む脳のメカニズム

焦点化の原則

意識

ウィンドウズ95

潜在意識

無意識のパワーが圧倒的！

ウィンドウズXP

ウィンドウズ95

複数のソフトを同時に立ち上げると、フリーズ（混乱）してしまう。

意識した情報以外は見えにくくなる。

よって、焦点化が起きる

意識は、特定の情報のみを収集し、見聞きできる。

6 脳の基本プログラム「快・痛みの原則」を活用する

今度は、脳の3つの基本プログラムの3つめ、「快・痛みの原則を扱っていきます。

「脳は快を求めて痛みを避ける」（快・痛みの原則）

もう一点、脳のプログラムには大切な特徴があります。それは「脳は快を求め、痛みを避ける」というものです。**脳は「快」につながるような思考や行動をとるときと、「痛みを避ける」ような思考や行動をとるときに最大限働いてくれる**というものです。

ここでいう**「快」**とは、「喜び」「幸福」などの快感につながるものとお考えください。**「痛み」**は、痛みを感じさせる状態です。たとえば、「苦手な人」や「苦手な職種」がそれにあたります。ただし、何が「快」で何が「痛み」なのかは、人によってずいぶん違います。

たとえば、多くの人にとっては「クレーム」は痛みでしょう。しかし、ある人は「クレーム」を解決するプロセスを楽しんでいます。「クレーム」＝「やっかいなもの」ととらえる人と、「クレーム」＝「クライアントと本音で語り合って、仲良くなれるチャンス」ととらえる人とでは、能力の発揮の仕方が違ってきます。つまり、**同じできごとでも、それを快に結びつけて考えるか、痛みに結びつけて考えるかで、能力の発揮の度合いが変わってくる**のです。

「快に結びつければ、脳が高いレベルで働いてくれる」という脳のプログラムを知って、これを意図的に活用すると、生活やコミュニケーションの質が向上します。

1 3つの基本プログラムを作り出すもの

ここまで3つの脳の基本プログラムについて説明してきました。こ

こではこの３つのプログラムを作り出す、もっとも深い部分にある欲求について解説します。

　人間には本能があるということは、ご存じだと思います。そして、これはもっとも深い部分にある基本プログラムだと考えることができます。なぜなら、本能は動物的な欲求に近いもので、生きながらえるためになくてはならないものだからです。

２ 人間は安全・安心を求めている

　私たち人間は、危険なところへ行くとこわいと感じ、そこから逃げ出したくなります。生きながらえるためには、危険を危険と感じる必要があるのです。逆に、安全な場にいると居心地が良く感じるでしょう。どちらが良いのかは、言うまでもありません。生存欲求がある私たち人間は、安全・安心を求めます。ここに「安全・安心欲求」が生まれます。そして、この<u>「**安全・安心欲求**」は**３つの脳の基本プログラム**を理解するのみならず、**コミュニケーションの本質を理解するうえでとても重要な役割を担っている</u>のですが、それは137ページで解説しています。ここではこの欲求がいかにして３つの基本プログラムを作り出しているのかをお伝えします。

３ 快を求め痛みを避ける理由

　「快・痛みの原則」。――安全・安心欲求があるから人間は痛みを避けるのです。ワクワクしたりよく笑う人は、長生きすると言われています。実際に笑いの治療効果も実証されています。逆に、ストレスをためて堅い表情をしていると病気になりやすいとも言われています。ワクワクしてよく笑う人は快を感じており、ストレスは精神的痛みを作り出すと考えられます。どちらが「安全・安心」なのかは言うまでもありません。ですから、私たち人間はワクワクするような仕事を行うとき、本能までもがサポートしてくれることになり、効果的に業務を遂行することができます。逆に、ストレスを感じるような仕事を行

うとき、がんばっても、なかなか気乗りせず効率の悪い時間を過ごすことになります。

4 空白を嫌う理由

「脳は空白を作るとそれを埋めようとする」。——この原則の解説で、「脳はわからないという状態をとても嫌う」とお伝えしました。なぜ嫌うのか？　これも「**安全・安心欲求**」と関係があります。**多くの人は、自分がコントロールできると感じている状況では安全・安心を感じることができます**。逆に、状況がつかめず、どうなるかわからない状況の中では、多くの人が不安を感じます。たとえば、初めて就職したときや、これまでとは違った業務を任されたときに、ストレスを感じる人は多いでしょう。

人間がもっとも恐れるのは、こわい人ではなく、幽霊や暗闇などわからないものや状況だとも言われています。わからないものは、コントロール不能だからです。よって、脳はわからないという状況を避けて安心すべく、自動的に空白（わからない状態）を埋めようとするのです。

5 焦点化が起こる理由

基本的に、人間はコントロールできているという状態を好みます。その理由は、先ほどお伝えしたように**安全・安心を感じる**からです。「シンプルなもの」と「複雑なもの」とどっちがコントロールしやすいかは言うまでもありません。世界を複雑にとらえるよりもシンプルにとらえるほうが、安心できるでしょう。私たちが目を開けたときに見える視界には、非常に多くの情報が含まれていると言われています。人間の意識は性能の悪いコンピュータにたとえられるとお伝えしましたが、目に見えるあらゆる情報が一度に意識に入ってきたら、混乱してしまいます。そうならないように、意識は多くの情報を省略して焦点化すると考えることができます。

快・痛みの原則

脳は快を求めて、痛みを避ける。

『幸福』
『喜び』

脳は『快を求める、痛みを避ける』につながる思考や行動をとるときに、最大限に働く

『苦手な職種』
『苦手な人』

脳は快を求め　　　　　痛みを避ける

人間は安全・安心を求めている。

初めての仕事はわからないから、ストレスを感じる。

脳は空白を嫌う。なぜなら、わからない状態はコントロール不可能のため危険と判断し、安心を求めるから。

空白を嫌う。

シンプルでコントロールしやすい。　　複雑でコントロールしにくい。

脳は複雑なものよりシンプルのもののほうが、コントロールしやすく安全と感じる。だから、情報を省略して焦点化が起こる。

焦点化が起こる。

7 コミュニケーションのプロセスにNLPが有効

「NLPとは何なのか？」──それぞれの頭文字の意味を先ほど簡単にご紹介しました。

「Nはニューロ＝神経（五感）あるいは（五感にもとづく体験）」
「Lはリングウィスティック＝言語」
「Pはプログラミング＝体験によってできるプログラム」

そして、NLP「神経言語プログラミング」は、N（五感）とL（言語）が脳のプログラムを作ったり起動させるのだとお伝えしました。ここでは、もう少しNとLとPの意味を詳しくご紹介します。

1 体験の正体とは

NLPを理解するさい、日常での体験をよく知る必要があります。なぜなら、私たちのプログラムは体験によってできるからです。では、体験の正体は何か？　どんな素材でできているのか？

15ページで映画「ジョーズ」の事例をお伝えしましたが、「映画を見る」という行為も体験です。では、この「映画を見る」という体験は、どんな素材でできているのでしょう？

たとえば、映画監督は、主に「視覚情報＝V」と「聴覚情報＝A」で映画を見ている人の気持ち、感情を作っていきます。「ジョーズ」では、まずサメが人の足を引きちぎったりする生々しいシーンなどを見せます（V）。そして、「あのバックミュージック（A）」とともに、沖のほうからサメのヒレが迫ってきます。すると、それを見ている映画の観客は、人は「早く逃げろ！」と恐怖心に駆られた状態（K）になります。

映画ジョーズを見る体験の素材は、①「サメが人の足を引きちぎったりする生々しいシーンなどを見る（V）」②「あのバックミュージック（A）」、そして③「恐怖心に駆られた状態（K）」──これらでできていると言えます。つまり、体験の正体は、「見ること」「聴くこと」「感じること」などの五感なのです。

そして、この**「体験」＝「五感」**がプログラムを作るのです。

たとえば、なぜ「ジョーズ」という映画を見て、私たちは恐怖するのでしょうか？　私たちがこの映画を見て恐怖する大前提として、「サメ＝危険だ」というプログラムがあると考えられます。ですから、この映画を作った監督は、私たちの中にあるプログラムを利用して恐怖映画を作っているとも考えられます。では、どのようにして「サメ＝危険だ」というプログラムができたのでしょうか？

2 プログラムは「体験＝五感」が作る

「サメ＝危険だ」というプログラムは、何らかの過去の体験・経験によって作られたと考えられます。仮に実際に海でサメに追いかけられたという体験があれば、おそらく「サメ恐怖症」になって、この映画を見ることすらできないでしょう。一般の人も、テレビや本や学校の授業などで仮想体験をして、「サメ＝危険だ」というプログラムが作られていると思います。このように、体験には**「実際の体験」**とイメージなどによる**「仮想体験」**がありますが、NLPではどちらも「体験」と考えます。

「NLPは **五感（体験）** と **言葉** が脳のプログラムを作ったり起動させる」と12ページで述べましたが、おわかりいただけたかと思います。

3 コミュニケーションのプロセスにNLPを使う

さて、この「N＝神経（五感）」と「L＝言語」と「P＝プログラム」の3つの要素は、私たち人間の生活に欠かせない要素でもあります。

たとえば、私たち人間は誰かとコミュニケーションをするときに、

どのようにそれを行っているのでしょうか？

コミュニケーションは毎日あたりまえのように行っているため、あらためて説明しろと言われても意外に難しいと思います。

そこで、これからコミュニケーションのプロセスを探っていきます。

読者の皆さん、「下にあるものは何だと思いますか？」　できれば、言葉を思い浮かべてほしいのです。

もちろん「お茶のアルミ缶」ですよね。

では、どのようにして皆さん、「お茶」という言葉を思い浮かべることができたのでしょうか？

おそらく、あまりにもあたりまえのことなので、そのプロセスは考えたこともないかもしれません。

以下に、「お茶のアルミ缶を見て言語化する」プロセスを簡単に紹介します。

① まず最初に、この絵が見える。つまり、視覚（五感＝N）を使っている。
② そして、次に体験・経験にもとづくプログラム（プログラム＝P）と照らし合わせて、これをお茶だと判断する。
③ 最後に、言葉（言葉＝L）にして思い浮かべたり、口に出したりする。

つまり、私たちは何かを理解したり、誰かとコミュニケーションをしたりするときに、無意識に自動的にこのN（五感）とL（言葉）とP（プログラム）の3つを使っているのです。

コミュニケーションとNLP

Q「これは何ですか？」と聞かれた。

↓

目で対象を見る（五感「N」）。

↓

過去の体験・経験にアクセスする。
（体験・経験にもとづくプログラム「P」）

↓

言葉（言葉＝L）にして思い
浮かべたり、口に出したりする。

それはお茶です！

8 言葉は体験が作り出す

1 アメリカ人がお茶のアルミ缶を見たら…

では、34ページと同じアルミ缶の絵をアメリカでアメリカ人に見せて、「これは何だと思いますか？」と聞いたら、どんな反応が返ってくるでしょう。

おそらく、私たち日本人とはまったく違った反応になると思います。

① まず、アメリカ人が見ても、同じこの絵が見える。
② しかし、アメリカに住んでいる<u>アメリカ人は過去におそらく日本茶を飲むという体験・経験がないので、類推するしかない</u>。緑色のパッケージから、「メロンジュース」などを類推するかもしれない。
③ そして、「メロンジュースなど」の言葉を頭に思い浮かべたり、誰かに答えたりするかもしれない。

同じお茶の缶を見ても反応が違ってくるのは、**プログラムが違う**からだと考えることができます。そして、その**プログラムは過去の体験・経験によってできあがっている**のです。しかし、「①最初に、五感を通して情報収集して ⇒ ②次に、過去の体験・経験につなげて ⇒ そして、③最後に、言葉を使って考えたり表現している」——この一連のプロセスは同じです。

もう1つ、「プログラム」について事例をご紹介します。

「仕事ができる人」という言葉があります。

そして、皆さんにとって、「仕事ができる人」ってどんなイメージがありますか？

たとえば、「業務処理が早い人」が「仕事ができる人」と思っている人がいるかもしれません。「クリエイティブな人」または「リーダーシップに長けてる人」こそ「仕事ができる人」というイメージをもっている人もいるかもしれません。

では、これらの「仕事ができる人」のイメージは、どのようにできあがったのでしょうか？

生まれたときにすでにあったのでしょうか？……「仕事ができる人は○○だ！」って。……もちろん、それはないですよね。

2 特定の言葉の意味や概念は、体験・経験が創り出す

研修では、よく次のようなお願いをします。

「皆さん山を思い浮かべてください。」

そして、毎回、人によってかなり山のイメージが違っていることに驚かされます。

静岡で研修をしたときは、ほとんどの方が富士山を思い浮かべました。大阪では、多くの方が六甲山系をイメージしていました。中には、銭湯のタイルに描かれた富士山をイメージした人もいます。

つまり、育った環境が違えば体験・経験が人によって違ってくるので、人によってプログラムも違ってくるということですね。

特定の言葉の意味や概念は、体験・経験を重ねていくなかでできてきます。そして、NLPはその原理を応用して「Ｎ＝五感＝体験」を使って望ましいプログラムを作っていく心理学的なアプローチだということがおわかりいただけたのではないかと思います。

3 言葉も体験？

「山」という言葉の意味は人によって異なってくるということをお

伝えしました。その理由として、人それぞれ育った環境が違うので、異なったプログラムができていて、言葉に反応するイメージが違うということでしたね。ここに言葉の本質を理解するための大切な概念があります。

> それは、言葉を話す側にも聞く側にも「言葉の裏側にはイメージや体験があるということ」です。

　そして、言葉を聴くと、自動的にその言葉にまつわるイメージが思い出されるのです。

　12ページで「五感と言葉が脳のプログラムを作ったり起動させる」と述べましたが、以上見てきたように、言葉は自動的にプログラムを起動させると考えることができます。

　先ほど私は、研修でよく「皆さん山を思い浮かべてください。」とお願いすることがありますとお伝えしました。これも一種のコミュニケーションと考えることができますが、このとき私は特定の山を思い浮かべながらお伝えしています。そして、このようにお伝えしたときに、受講生はやはりそれぞれが個人的な「山」を思い浮かべていることになります。

　別の例で説明すると、あなたが感動的な映画を見たとします。そして、興奮して家へ帰って誰かにその映画について言葉で説明したとします。そのさい、あなたは言葉を使って映画を説明しながら、映画を見たという体験を思い浮かべている（V＝視覚）はずです。つまり、あなたが言葉を使って何かを話すとき、その言葉の裏側にはイメージや実感などの体験が伴われているということです。また、あなたから映画の話を聴く人も、その言葉を聴きながらなんらかのイメージを見ながらその映画の内容を想像している可能性が高いのです。

　つまり、**私たちは言葉を使ったり、聴いたりするとき、同時に何らかの体験をしているということになるのです**。このプロセスを次の章（52ページ以降）で詳しく見ていきます。

言葉と体験

特定の言葉の意味や概念は、体験・経験が作り出す

「仕事ができる人…」

Aさん；過去の体験・経験にアクセス	Bさん；過去の体験・経験にアクセス	Cさん；過去の体験・経験にアクセス
仕事ができる人＝クリエイティブな人	仕事ができる人＝業務処理が早い人	仕事ができる人＝リーダーシップに長けている人
営業部の田中さんはよくできる人だよ	総務部の佐藤さんを尊敬しています	人事部の松田さんが目標だなあ

プログラム

- 言葉の裏側にはイメージや体験がある。
- 言葉を使ったり、聴いたりするとき、同時に何らかの体験をしている。

⑨ プログラムの作り方は？

　ここでは、われわれに大きな影響を与えているプログラムについてまとめておきます。プログラムができるプロセスを理解することは、「効果的な学習を行う」ことと関係があるのです。読者の皆さんがこの本を読むというプロセスも学習です。著者としては、読者の皆さんに効果的に学んでいただくために、人間のプログラムにもとづく、効果的な学習ができるように配慮してこの本を書きました。

1 プログラムはどのようにしてできるか

　すでに33ページで**プログラムは体験が作る**とお伝えしました。しかし、われわれは日々体験を重ねていますが、そのすべてがプログラム化されるわけではありません。2歳のときに、凶暴な犬にかまれるのと、20歳になってチワワ犬にほえられるのとでは、まったく体験のレベルが違います。では、何を基準にプログラムができるのか？　その答えはすでに29ページで詳しくご紹介しました。主に「安全・安心」を確保するためにプログラムができるのです。

2 安全・安心欲求がプログラムの源泉

　人間の本能は自分自身を守るためにプログラムを作ると考えることができます。

　「空白の原則」「焦点化の原則」「快・痛みの原則」のような基本プログラムも「安全・安心」を確保するためにできているとお伝えしましたが、「犬恐怖症」のような特定のプログラムも、やはり「安全・安心」を確保するためにできています。犬恐怖症の人は「犬＝危険」と一般化して認識しますが、それによって「犬に近づかない」ですむ

のです。犬を見かけたらこわくて身体が震えてしまうことによって、安全を維持しているのです（一般化の意味は196ページを参照）。

　高所恐怖症なども同じです。2歳ぐらいのときにお父さんに肩車をしてもらっている子どもが、お父さんが何かにつまずいたさいにバランスを壊して、その子どもが後頭部のほうから落ちたとします。おそらくこの子どもはたった一回のこの体験で高所恐怖症になってしまうでしょう。そして、いったん高所恐怖症になったら、今度は高いところに行くと身体は勝手に高所恐怖症の反応を引き起こします。

　つまり、**プログラムは体験によってできますが、いったんプログラムができたら今度はそのプログラムに支配される**と言えます。

●体験がプログラムを作り、プログラムが体験を支配する●

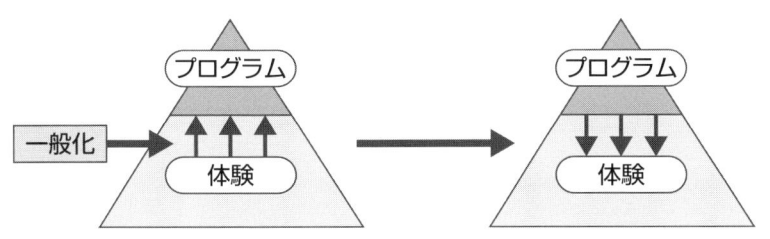

（体験によりプログラムができる）　（プログラムが体験に影響を与えるようになる）

3 プログラムの無意識のレベルでは肯定的な意図がある

　しかし、高所恐怖症の事例にも、肯定的な意図が見つかります。2歳の身長の低い幼児が大人の肩から落ちるというのは、強烈な体験です。そして、本能（無意識）は二度とこんな恐怖を体験しまいと、高いところを避けるプログラムを作るのです。このことにより、やはり本能（無意識）は自分を守ろうとしているのです。つまり、**プログラムは二度と危険な目にあわないようにするための学習の成果**なのです。

4 意識と無意識が別々のことを考えることがある

　このように、犬恐怖症も高所恐怖症も深いレベルでは安全・安心を維持するという肯定的な意図に従っていることがわかるでしょう。

「意識・無意識（潜在意識）」については25ページでご紹介しましたが、人間は**意識で考えることと無意識が考えることが異なる場合がある**のです。なんらかの恐怖症は、幼いころにできて大人になってもその症状が残っているケースが多いようです。幼く弱い子どものころと、成長して大きく強くなった大人とでは、同じ人間が同じ体験をしても立場が違うはずです。高所恐怖症の大人がビルの高層ビルの安全な窓から地面のほうを見たとします。意識では絶対に落ちないとわかっていても、身体は自動反応で足がすくみ緊張するでしょう。つまり、**意識では安全だと思っていても、無意識のほうではかつてできたプログラムどおりに反応する**のです。その場合、無意識の反応のほうが勝つ場合がほとんどです。25ページでは「無意識のほうが圧倒的にパワフルです」とお伝えしましたが、おわかりいただけたかと思います。

5 プログラムはどのような動機でできるのか？

　強力なプログラムの多くは、「快・痛みの原則」に沿ってできます。「痛み」を避けたいという欲求が 恐怖症 を作り出し、「快」を追求したいという欲求が 中毒症状 を作り出すと考えられます。29ページに書いたとおり、無意識レベルでは安全・安心を確保するという大義名分があるのです。

6 プログラムを意図的に作る秘訣

　では、どのようにプログラムを作るのか？　その秘訣は至極単純です。
　プログラムは、①「インパクト（強い体験）」と、②「回数（繰り返し）」の２つの方法でできます。
　１つめは、すでに恐怖症の事例で解説しましたが、たった１回の体験でもそれが強烈な体験ならばプログラムになります。
　もう１つは、「回数（繰り返し）」です。たとえば、車の運転も最初は難しいと感じても、毎日運転しているうちにまったく運転以外のことを考えていても反射的に手足が動くまでに上達できるのです。

体験とプログラム

体験がプログラムを作り、プログラムが体験を支配する。

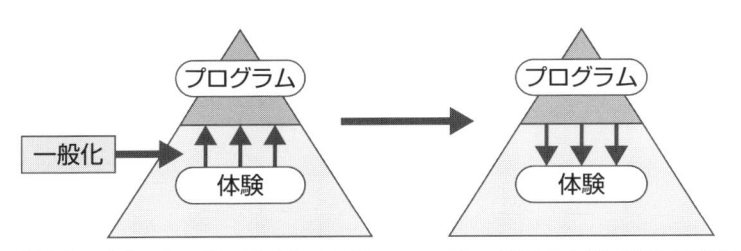

一般化 → 体験によりプログラムができる。

プログラムが体験に影響を与えるようになる。

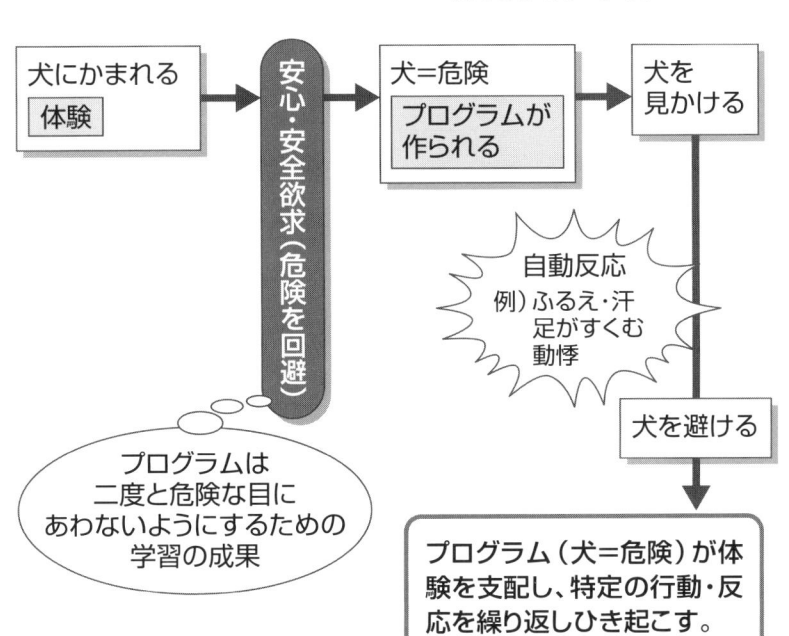

犬にかまれる（体験） → 安心・安全欲求（危険を回避） → 犬＝危険（プログラムが作られる） → 犬を見かける → 自動反応 例）ふるえ・汗・足がすくむ・動悸 → 犬を避ける

プログラムは二度と危険な目にあわないようにするための学習の成果

プログラム（犬＝危険）が体験を支配し、特定の行動・反応を繰り返しひき起こす。

10 学習には4つの段階がある

　プログラムは①「インパクト（強い体験）」と②「回数（繰り返し）」の2つの方法によってできる」、とお伝えしました。そして、いったんプログラムができると、そのプログラムに反応するとお伝えしました。これまでは、わかりやすく説明するため恐怖症など否定的な例で説明してきましたが、プログラムには肯定的なものもあります。

1 「学習の4つの段階」

　NLPには「学習の4つの段階」という考え方があり、それぞれ分野で有能になるためには、いかに無意識に実践できるようになることが大切なのかを説明しています。では、「学習の4つの段階」とは何か？　その名のとおり、学習にはその習得の度合いによって4つの段階があるという考え方です。

- 第1段階は「無意識的 無能」
- 第2段階は「意識的 無能」
- 第3段階は「意識的 有能」
- 第4段階は「無意識的 有能」

　42ページの最後に「車の運転も最初は難しいと感じても、毎日運転しているうちに、まったく運転以外のことを考えていても反射的に手足が動くまでに上達できます」と書きました。ここでは「学習の4つの段階」を通して、車の運転とNLPの上達のプロセスを詳しく見ていきます。

●第1段階「無意識的　無能」

　まず、第1段階の「無意識的　無能」について。これは「何かを学習する以前の段階」を意味します。たとえば、あなたがNLPをまったく知らなかったとします。そうすると、NLPというものに気づいていない（無意識）し、当然のことながら使えない（無能）状態です。

これを自動車の運転をマスターするという学習のプロセスを通して説明しますと、自動車の運転の方法を知らないし（無意識）、まったく学んだことがない状態です。そうすると、当然のことながら自動車の運転に関してはまったく「無能」ですね。これが第1段階の「無意識的 無能」の状態です。

●第2段階「意識的 無能」

そして、第2段階の「意識的 無能」について。これは、NLPで言えばNLPを学び始めたばかり状態です。私もNLPを学び始めたころは頭ではわかっているし、使うことを意識している（意識的）のですが、まったく使えません（無能）でした。「車の運転をマスターするための学習」では、自動車教習所に通い始めたころの状態です。自動車教習所に通い始めたころは、教本を読んだり、ビデオを見たりして、車の運転の操作方法を頭では理解し始めますので、運転を意識しますが（意識的）、いざ車に乗ってみると、思うように動かせない（無能）という状態をさします。

●第3段階「意識的 有能」

さらに、第3段階は「意識的 有能」です。これは、ある程度NLPを学ばれた方が体験する状態です。NLPを意識して使おうと努力していて（意識的）、そして実際に使えている状態（有能）です。これからNLPを学ばれる方は、まずはこの状態をめざしてほしいと思います。「車の運転をマスターするための学習」では、ちょうど運転免許を取ったばかりのころの状態です。運転免許を取ったばかりのころは、かなり意識して各動作を行っていたと思います。たとえば、しっかりと意識的に方向確認したり、クラッチを踏んだりと。そして、かなり緊張しているかもしれませんが、運転できている（有能）状態です。

●第4段階「無意識的 有能」

最後に、第4段階は「無意識的 有能」です。この段階は、かなりNLPを実践してきた方が到達する境地です。NLPの学習を繰り返し行うことによってNLPの考え方やスキルが習慣化され、意識しないでも

それらを使っている状態と言えます。「車の運転をマスターするための学習」では、もう何年も頻繁に乗り続けて、車の運転に熟練した状態と言えます。

そして、この状態になると、まったく車の運転とは別のことを考えながらも（運転に関して無意識）しっかりと運転できている（有能）状態です。そして、この最後の状態こそ、もっとも熟練した状態であり、NLPの考え方やスキルを使いこなせる状態だと言えます。

2 効果的な学習の方法は？

では、どうすれば、この第4段階に到達できるのでしょうか？

それは、42ページでお伝えしたプログラムを作る秘訣と関係があります。プログラムも一種の学習だとお伝えしましたが、NLPの習得も日常でのビジネススキルの習得も学習です。脳はインパクトと回数によってプログラムを作るとお伝えしましたが、学習の一種である記憶もまったく同じです。英単語を暗記するとき、何らかの強烈な印象と結びついた単語はすぐに覚えられてなかなか忘れません。また、何度も何度も記憶すべく練習した単語は、強い記憶になります。なじみのない外国語を1回見たくらいでは、すぐに忘れてしまいます。NLPの学習も同じです。多くの方にとってNLPはあまりなじみのないものだと思います。ということは、NLPの知識を羅列するだけでは、そのときは理解したつもりになってもすぐに忘れてしまいます。ですから、NLPの学習にも**インパクト**と**繰り返し**が必要なのです。

22ページでお伝えしたように、研修では**インパクト**のある伝え方を心がけていますが、本などの文字情報だけではインパクトを作り出すのに限界があります。**そこで、この本では重要なことは繰り返しお伝えし、そのつど掲載ページを掲載し復習できるように配慮しました。**これは、とても重要なことですので、この本から最大限学んでいただくためにも繰り返し復習するという地道な作業を心がけてください。

学習の段階と効果的な学習方法

学習の4つの段階

第4段階　無意識的　有能
無意識にすることができる。

第3段階　意識的　有能
意識してならできる。

第2段階　意識的　無能
知識はあるが、思うようにできない。

第1段階　無意識的　無能
まったく学んだことがない、知らない。

車の運転も最初は難しいと感じても、毎日運転しているうちに、反射的に手足が動くまでに上達することができる。

効果的な学習方法

たとえば…NLP習得の場合

回数（繰り返し）

NLPスキル
インパクト（強い体験）

第1章

能力を倍増させる言葉の使い方、質問のノウハウ

11 ミスコミュニケーションの本当の理由①
情報は省略される

　ここまで、脳の基本的なプログラムをご紹介してきました。この章では、これらのプログラムのビジネスシーンなどでの応用の仕方を具体的にご紹介します。

1 できていないという実感が学習効果を決定する

　これまで、いくつかの会社で仕事をしてきました。そこにはさまざまな種類のトラブルがありました。対外的にはお客様からのクレームがありました。社内では、連絡ミスや、確認を怠ったために大きなトラブルに発展したこともあります。**企業のみならずさまざまな組織にはさまざまな種類のトラブルがあると考えられますが、その本質的な要因の多くは、コミュニケーションミスだと言われています。**

　ですから、企業などの管理職の方々は、意思伝達が正確に行われるよう注意します。組織に勤めたことのある方なら、「**ホウ・レン・ソウ（報告・連絡・相談）**」という言葉を聞いたことがあるはずです。正確な仕事を行うために、社内でコミュニケーションをしっかりととっていくことの重要性は言うまでもありません。

　しかし、「報告・連絡・相談をすることがなぜ重要なのか？」——その理由がしっかりと腑に落ちていないと、なかなかふだんから意識するのも難しいと思います。また、「ホウ・レン・ソウ」ができていると思っている人もこれを軽視します。なぜならば、「**できている**」**と思っていると**「**必要性**」**を感じにくいからです。**

　なぜ、このようなことを書くかというと、私も社会人になって「報告・連絡・相談」が大切であることを上司に教えてもらったのですが、

あたりまえのことのように思い、軽視していたころもあったからです。

しかし、NLPを学んでから、いかにこれらの基本的な意思疎通が大切なのかということを痛感しました。**なぜなら、人間は他人とコミュニケーションをとることがいかに難しいかということを強く実感したからです。**これはとても大切なことなのです。**なぜなら、人間はできていると思っているかぎり、自分の行動を修正しようとは思わないからです。**

そして、**人間にとって実際にはうまくいっていないのに、うまくできていると錯覚しているものの最たるものがコミュニケーションだと思います。**何かを学ぶときに、 必要性 を実感している人がもっともよく吸収するでしょう。つまり、学ぶ者の姿勢が学習効果を決定します。そして、 必要性 は多くの場合「自分にとって足りないもの」です。コミュニケーションも同じで、コミュニケーションがうまくいっていないという気持ちが強くないと、本気で学ぼうとしないものです。この本を読まれる皆さんは、多かれ少なかれ必要性を実感されていると思いますが、実はコミュニケーションこそあらゆる人が学ばなければならないことだと思います。なぜなら、私たち人間は毎日言葉を使ったコミュニケーションを行っており、当然、相手と簡単に意思疎通ができていると思っているが、実際にはまったく違ったものが相手に伝わっている可能性が高いからです。

2 体験を言葉にすると多くの情報が失われる

ここでは、数ページにわたってミスコミュニケーションが起こる原因を解説しつつ、コミュニケーションの落とし穴と、その対処方法をご紹介します。

38ページで言葉の裏側にはイメージや体験があるとお伝えしました。私たちがコミュニケーションをとるとき、頭の中で何らかの体験を思い浮かべながら言葉を発しているのですが、このプロセスを次のページに図式化しました。ご覧ください。

●図A　言葉は体験にもとづいている●

　まず、あなたが映画を見て感動したとして、その感動体験を誰かに伝えようとする場合、言葉によって表現することになります。

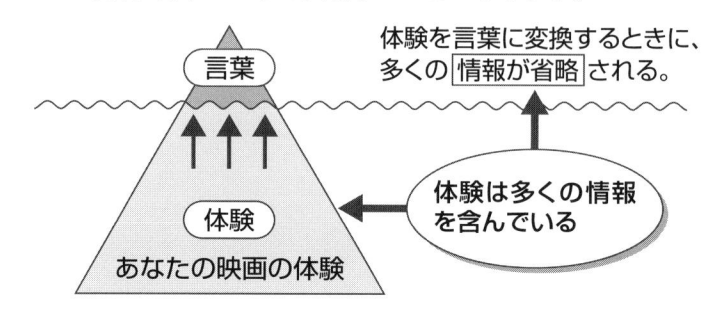

体験を言葉に変換するときに、多くの 情報が省略 される。

言葉

体験
あなたの映画の体験

体験は多くの情報を含んでいる

　そこで、図Aのように、まず体験があってそれが言葉に変換されると考えることができます。

　そして、体験は多くの情報を含んでいますが、言葉はほんの一部しかそれを表現できないため、体験を言葉に置き換えるさいに多くの情報は 省略 されると考えることができます。

　体験は現実ですが、言葉は体験を表す記号にすぎないのです。

　では、コミュニケーションにおいて、この体験を表す記号である言葉を聞いた人は、どのようにそれを理解するのでしょうか？　次項で詳しく見ていくことにします。

体験と言葉とのギャップによるミスコミュニケーション

言葉は体験にもとづいている

昨日見た映画は本当によかった〜

言葉 ＝体験を表す記号

体験 ＝現実

情報が 省略 されている

どこの映画館か…
誰と行ったのか…
昨日のいつ行ったのか…
どのように行ったのか…
いくらしたのか…
映画のタイトルは…
座席の座り心地は…
など

体験は現実だが、言葉は体験を表す記号にすぎない。

12 ミスコミュニケーションの本当の理由② 言葉の受け取り方には違いがある

1 聞き手は言葉をどう受け取るのか？

52ページで、体験が言葉に変換されるプロセスを「映画の事例」を使って解説しました。ここでは、聞き手はその言葉をどのように受け取るのかを図式化（図B）しました。

●図B　言葉の伝達プロセスとギャップ●

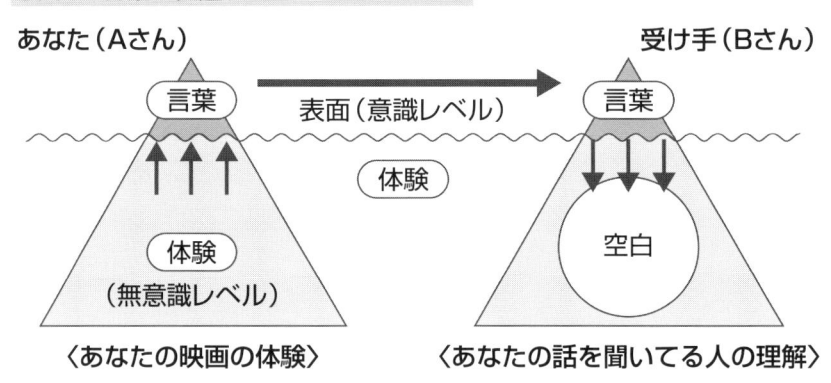

あなた（Aさん）　　　　　　　　　　　　　受け手（Bさん）

言葉　　→　表面（意識レベル）　　言葉

体験

体験
（無意識レベル）　　　　　　　空白

〈あなたの映画の体験〉　　〈あなたの話を聞いてる人の理解〉

➡この 空白 は、Bさん自身の過去の体験・経験で埋めている。

図では、Aさんは「映画を見たという体験」を何らかのイメージを描きながら、あるいは何らかの感覚をもちながら、Bさんに言葉を使って話します。

その話を聞いているBさんは、あなたの言葉だけを聞いています。

しかし、Bさんはあなたが話した言葉を聞いたとして、**その言葉からあなたが話しながら見ているイメージや映像と同じものを見ることができるでしょうか？**

もちろん、同じイメージや映像を見ることはできません。テレパシーのような特殊能力でも使えないかぎり、話し手の内面は見えないのです。

Bさんは何をイメージしたり感じたりしながらあなたの話を聞いているかというと、**Bさんはraさん自身の過去の体験・経験に照らし合わせて想像しながら聞いているにすぎないのです。**

2 過去の体験・経験に照らし合わせる

実は、コミュニケーションにおいて言葉を受け取った人（受け手）は、その言葉を過去の体験・経験に照らし合わせているのです。そして、ここはコミュニケーションにおいて意外と見落とされている部分なのです。

以前、ある研修で、54ページの図Bを説明したことがあります。

そして、その後に二人一組で簡単なワークを体験してもらいました。片方（Aさん）に「話し手」になってもらい、もう片方の人（Bさん）に「聞き手」になってもらいました。話し手が話すテーマは、全員「旅行」にしてもらいました。

そのとき、ある話し手役（Aさん）の人は、ハワイに行ったときの体験を話しました。その話を聴いた聞き手（Bさん）は、ハワイに行ったことのない人でした。しかし、その実習が終わってBさんは、Aさんのハワイの話がよくわかったと言ったのです。

まさか？　ハワイに行ったことのない人が、ハワイをどのように理解したのか？　と疑問に思い、BさんがAさんの話を聞きながら見ていたイメージを詳しく話してもらいました。すると、Bさんはハワイには行ったことはなかったのですが、グアムに行ったことがあったので、その映像を思い出しながら、Aさんのハワイの体験を理解していたのです。

つまり、話し手（Aさん）はありありとハワイの映像を思い出しな

がら話していたのですが、それを聞いていた聞き手（Bさん）はグアムの映像に無意識にアクセスして理解したつもりになっていたのです。

これで、言葉を聞いた人が、それを過去の体験・経験に結びつけて理解しているということをご理解いただけたと思います。

3 各人各様の受け取り方がある

　33ページで、NLPのP（プログラム）を解説しました。そこで、プログラムは体験・経験によってできるとお伝えしました。これは、人間は何らかの刺激があったときにその人のプログラムに沿って反応するということを意味しています。人間にとって言葉を聞くという行為も外部からの刺激であり、プログラムに沿って反応するわけです。そして、そのプログラムも（過去の）体験・経験によってできているのです。ですから、研修などで私が大勢の人に話をしたとしても、受け取り方は人それぞれなのです。

　先ほどのハワイの例ですと、ハワイにもグアムにも行ったことのない私はどのようにハワイを思い出すかというと、私はなぜかオーストラリアのゴールドコーストの映像をイメージしながら聞いていたのです。ある私の友人は、ハワイを思い出すときに、そのイメージは「天才バカボン」というアニメの中に出てくるハワイの映像だったそうです。

　つまり、コミュニケーションとは次のページの絵のようなものだと考えることができます。この絵では、演台で踊っている女性は、「花」を演じているつもりなのです。しかし、それを受け取る人は、皆それぞれ別のものを見て理解したつもりになっています。ある人にとっては、「タコ」ですし、ある人にとっては「鳥」なのです。しかし、受け取った内容について正しいかどうかという疑問すら浮かびません。

　このように、いつもあたりまえのように行っているコミュニケーションにも、意外と気づきにくい落とし穴があるのです。

絵で見る受け取り方のギャップ

同じことを話しても、人によって受け取り方はさまざま！

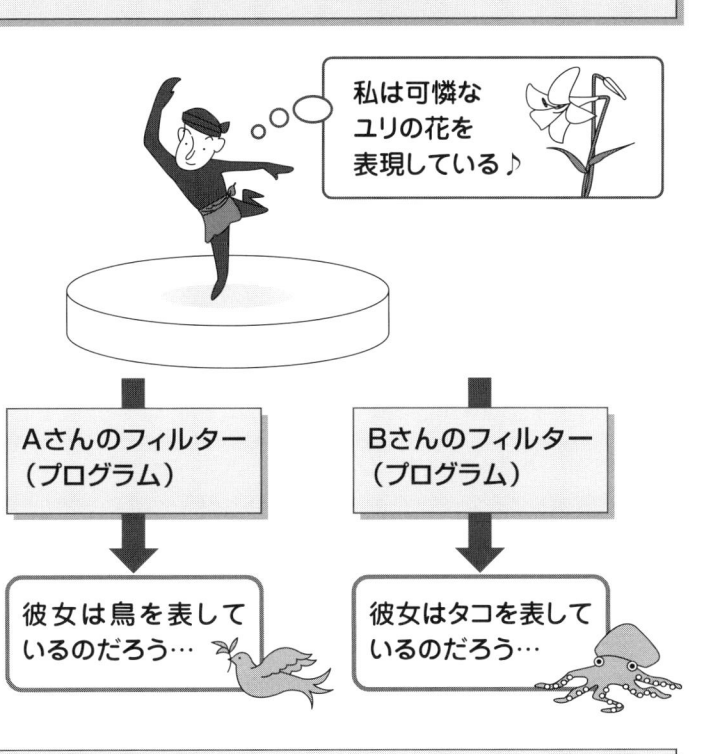

私は可憐なユリの花を表現している♪

Aさんのフィルター（プログラム）
↓
彼女は鳥を表しているのだろう…

Bさんのフィルター（プログラム）
↓
彼女はタコを表しているのだろう…

　上の例のように、同じもの（言葉）でも人それぞれアクセスする体験・経験が異なるので、とらえ方も異なる。したがって、それ（その言葉）に対する反応も異なってくる（プログラムが異なる）。

13 ミスコミュニケーションの本当の理由③
各人のフィルターで歪曲（わいきょく）する

　ここで、もう１つ、人間のコミュニケーションの落とし穴をご説明します。それは**歪曲**と呼ばれるものです。**歪曲**という概念をおおまかに表現すると、「**ものごとをありのままに見るのではなく、自分のフィルターを通して、自分なりのものの見方でとらえること**」ということになります。では、なぜ**歪曲**という現象が起こるのか？
　実は、この原因も、脳のプログラムと関係があります。

1 各人のフィルターがものの見方を変える

　38ページと52ページで「映画を見たという体験」を題材としましたが、人は同じ映画を見ても、その映画のとらえ方はずいぶん違います。

　私は、研修の中で「タイタニック」という映画を見たことのある方どのくらいいますか？と、手を挙げてもらうことがあります。
　有名な映画だったためか、ほとんどの人が手を挙げます。次に、「では、そのタイタニックのどの部分がもっとも印象的でしたか？」と聞いてみます。そうすると、ある人は「ヒロインは船の船首で手を広げているというシーン」だと言い、ある人は「船が沈みそうになってまで、音楽隊が演奏していたシーンがもっとも印象的だ」と言います。また、ある人は、「ディカプリオが沈んでいくシーン」などなど。

　それこそ、10人いたら10とおりで、同じものを見ても、これだけとらえ方が違うのかと毎回驚かされます。なぜ、このようなことが起こるのでしょうか？
　それは先ほどお伝えしたように、「**私たち人間は、ものごとをあり**

のままに見ているのではなく、自分のフィルターを通して、自分なりのものの見方で見ているから」と考えることができます。つまり、歪曲して見ているということです。

　人それぞれ育った環境も経験もずいぶん違うため、価値観が異なっています。それらの価値観などがフィルターとなって、同じものを見ても、見え方が違ってくるのです。つまり、フィルターが色メガネを作り、現実を見ているのではなく、何らかの色がついた映像を見ているからと考えることができます。このように、人間にはフィルターがあり、どうしても気づかないうちにものごとを歪曲して見てしまうのです。

2 歪曲も人間のプログラム

　この歪曲も、人間のもつプログラムだと考えることができます。

　たとえば、以前実際に私が体験した話ですが、睡眠時間が短くてやや疲れて元気がなかったとき、複数の人が「どうしたんだ、失恋でもしたのか？」と声をかけてきたのです。私はただ寝不足で疲れていただけです。しかし、ある先輩の目には、「失恋したかわいそうなヤツ」に映っていたのです。かなり単純化した言い方ですが、その先輩には「元気がない＝失恋」というプログラムがあったのではないかとも思います。

　また、企業研修でさまざまな会社に行く機会があるのですが、会社によって社員の雰囲気がずいぶん違います。特に、トレーナーになったばかりのころ、研修をしていて間違った判断をしてしまったことがあります。ある会社で研修を行ったとき、皆とてもおとなしく、質問をしても反応がなく、ワーク（実習）をしても盛り上がらず、最悪の研修になったのではないかと、研修を行っている最中に落ち込んでいたことがあります。

　しかし、研修後アンケートをとってみたら、ものすごく評価が高くて、その会社の研修担当者も、「こんなに評価が高いのはめったにありません」と大変喜んだのです。その当時、私の中に「反応のない研修＝良くない研

修」というプログラムがあって、本当はすごく評価されていたのに 歪曲 してまったく逆にとらえてしまっていたのです。

このように、人間は体験・経験からできたプログラムがあり、ある特定の刺激があったとしても反応の仕方は違うのです。

3 ミスコミュニケーションを防ぐために

ここまで、コミュニケーションの本質をご説明しつつ、コミュニケーションがうまくいかない理由をいくつかご紹介しました。なぜなら、自分が思っていることや伝えたいと思っていることが、いつも簡単に相手に伝わっているという幻想があるかぎり、なかなか新たなコミュニケーション方法を意識して使おうとは思っていただけないからです。

先ほど、かつての私の事例をご紹介しました。組織内のコミュニケーションにおいて「報告・連絡・相談」が大切だと上司に言われていたにもかかわらず、そんなのあたりまえだと高をくくってしまってなかなか意識していなかったという話です。しかし、今では「報告・連絡・相談」を心から大切だと思っています。なぜなら、NLPを学んで意思疎通がいかに難しいかを実感したからです。

しかし、コミュニケーションミスを避け、効果的なコミュニケーションを行う方法は、そんなに難しいことではないのです。

4 卓越したコミュニケーションを行うために

NLPは卓越の心理学と呼ばれています。はしがきで、もともとNLPは三人の天才セラピストのモデリングからスタートしたという話を述べました。つまり、天才と呼ばれる方々の優秀性の研究から始まっているのです。ですから、NLPのコミュニケーションを学ぶことは、優秀なコミュニケーターのモデルを学ぶということを意味します。

次項と第4章で、ミスコミュニケーションを防ぎ、効果的なコミュニケーションを行う具体的な方法を提供します。

歪曲によるミスコミュニケーションと対応法

歪曲：ものごとをありのままでなく、自分のフィルターを通して、自分なりの見方でとらえる。

元気がない人の姿を見る

研修をしたが、受講生の反応がなかった

↓

「元気がない＝失恋」というフィルター（プログラム）を通る。

「反応のない研修＝悪い研修」というフィルター（プログラム）を通る。

↓

この人は失恋したんだ

最悪の研修かも…

現実とは異なる
＝
歪曲されている

↓

自分が思っていることや伝えたいと思っていることが相手に伝わるためには、効果的なコミュニケーション法を使う必要がある。

14 ミスコミュニケーションを防ぐ方法

1 ミスコミュニケーションの原因は言葉による体験の抽象化

ここではミスコミュニケーションを防ぐ方法の骨子をお伝えします。

コミュニケーションは「話し手」が自分の体験を「聞き手」に伝えるのですが、そのさい必ず**体験が言葉に翻訳されます**。そして、そのプロセスで 省略 と 歪曲 が起こるのでした。翻訳前の**体験のレベルに近ければ近いほど具体的**で、話し手が伝えたい内容そのものに近いわけです。しかし、言葉に翻訳されるプロセスで、**多くの情報が失われて抽象化する**わけです。そして、**抽象的な表現は大きな空白があるから、聞き手はその空白を自分の体験で埋めなければならない**のです。ここにミスコミュニケーションの原因があります。ならば、**話し手の真意を理解するためには、失われた情報を取り戻す必要がある**わけです。

2 ミスコミュニケーションは質問と確認で防ぐ

ミスコミュニケーションを防ぐ方法はシンプルです。「質問」と「確認」です。当然、 省略 と 歪曲 がミスコミュニケーションの原因である「**抽象的な表現**」を作り出しているわけですから、「何が省略されているのか？」「どんな歪曲がなされているか？」を考えながら質問するのです。そうすれば、失われた情報は取り戻されるでしょう。そして、**確認をどのレベルで行えばよいのか**を考えるのです。もし、話し手が話した言葉を聞き手がそのまま復唱したとしても、確認したことにはなりません。**本当の確認とは、話し手が本当に伝えたかった体験と、聞き手が受け取った内容をすり合わせること**だと皆さんはもうおわかりでしょう。右ページをご覧ください。

ミスコミュニケーションを防ぐ質問と確認

ミスコミュニケーションを防ぐ方法は2つ

❶ 省略・歪曲に関する質問
　➡質問とは 省略 ・ 歪曲 された情報を取り戻す質問
❷ 確認
　➡確認とは話し手が本当に伝えたかった体験と、聞き手が受け取った内容のすり合わせ

図1　省略・歪曲に関する質問

②ミスコミュニケーションを防ぐためには、省略・歪曲された情報を取り戻す質問をする。

①体験が言葉になるプロセスで 省略 ・ 歪曲 が起こる。

言葉
体験
（ここに省略・歪曲された情報がある）

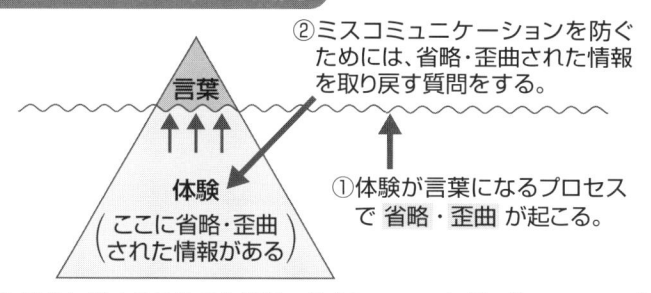

★省略・歪曲に関する具体的な質問の仕方については、第4章の194ページ以降に詳しくご紹介しています。

図2　本当の確認とは

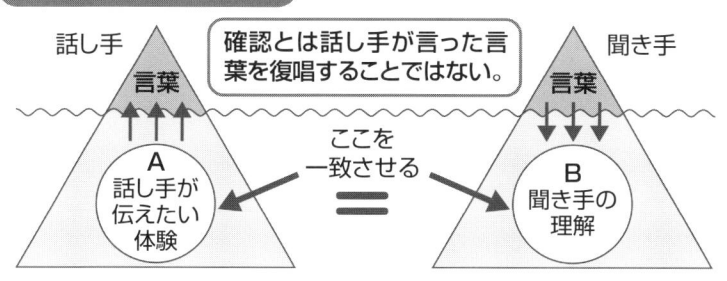

話し手　　　　　　　　　　　　　　　　聞き手

確認とは話し手が言った言葉を復唱することではない。

言葉
A 話し手が伝えたい体験

ここを一致させる
＝

言葉
B 聞き手の理解

本当の確認とはAとBを一致させること。
➡つまり、聞き手は、「私はBのように受け取ったけど、あなたが伝えたかったこと（A）と一致してますか？」と確認するのである。

15 言葉のパワー
肯定的な言葉が前向きな気持ちを生む

1 言葉の理解は自分の過去の体験に左右される

　NLPは「①ニューロ（神経）＝N」「②リングウィスティック（言語）＝L」「③プログラミング（体験・経験によってできるプログラム）＝P」の3つの要素と深い関係があるという話をしました。ですから、NLPを学習するさい、この「言葉」のパワーを語らずしてお伝えすることはできません。

　言葉は体験と関係があるということは、すでにプロローグでお伝えしました。つまり、私たちが言葉を使って何かを誰かに話すとき、多くの場合それは何らかの体験を話していることになります。また、その話を聞いている受け手は、その言葉を聞きながら、受け手自身の過去の体験・経験に結びつけて理解しているのでした。このことはすでに55ページでもご紹介しましたが、理解を深めるためにもう少し詳しく解説します。

　ここに私の体験談をお話ししますので、よくお読みください。

　私は、幼いころ、祭りが大好きでした。私が住んでいた家のそばに武庫川が流れていて、比較的大きな河川敷があり、8月の中ごろになるといつも盆踊りが行われていました。家にいても、盆踊りの太鼓の音が聞こえてきました。ドンドコ　ドンドコ聞こえてきました。

　そして、幼いころの私は、その太鼓の音を聞きながら、その前の年に行った盆踊りを思い出していたのです。そのイメージの中では、ゆかたを着た屈強な男性が盆踊りのステージのてっぺんでドンドコドンドコ、力強く太鼓をたたいていました。そして、ステージの周りには、ちょうちんがた

くさん吊られていて、きれいな光を放っていました。また、ゆかたを着た男女がステージの周りで踊っていました。幼いころの私には、とても幻想的な風景に見えました。そして、いつの間にか、私は早くお祭りに行きたいという強い好奇心を感じていたのです。

さて、これを読んで、読者の皆さんは何を思い出したのでしょうか？

私は、この文章を、自分の過去の体験を思い出しながら書きました。しかし、あなたは「**私が見ているイメージ**」を見ているのではなく、おそらく「**あなたがかつて体験した近所のお祭り**」の映像を思い出しながらこの文章を読んでいたのではないでしょうか？

2 言葉を聞くと無意識に反応してしまう

今ご紹介したこの「盆踊りの体験」を、いくつかの研修で実際にお話をしています。この話をしたあとに、「私の盆踊りの体験を聞いて、何らかの盆踊りや祭りの映像や音が浮かんだという方、手を挙げてください」と言うと、だいたい9割以上の人が手を挙げます。そして、私と同じ兵庫県の武庫川の盆踊りの映像を見たという人はいますかと聞くと、まったく手が挙がりません。「では、どんな映像を見ながら私の話を聞いていたのですか？」と聞くと、研修参加者自身の幼いころに体験した祭りであったり、最近子どもを連れて出かけた近所の盆踊りだったりします。

研修では毎回この話をしますが、同じ反応が返ってきますので、誰かの言葉を聞いて、それを受け手が過去の体験・経験につなげて理解しているというのはどうやら正しそうです。

このように、「**言葉を聞いた人は、無意識にその言葉に反応するイメージを見たり聞いたりしてしまう**」のです。

たとえば、「シロクマをイメージしないでください」と言われたら、どんな反応をするでしょうか？

おそらく多くの方は、「イメージするな！」と言われても「シロクマ」の映像を見てしまったのではないでしょうか？

では、意識的にイメージしたのでしょうか？

おそらく<u>無意識に</u>イメージが勝手に浮かんでしまったという人が多いと思います。ここでのポイントは、<u>自動反応で（無意識に）その言葉に関連したイメージを見てしまう</u>という点です。

3 肯定的な言葉を使ったほうがよい理由

言葉が過去の映像や音などにつながっていくのはご理解いただけたかと思いますが、さらに何らかの<u>イメージ（V）や音（A）などは感覚（K）や感情につながっていきます</u>。たとえば、テレビのニュースで殺人事件など暗い話題のニュースの映像（V）を見ると、陰鬱(いんうつ)な気持ちになるという人もいるでしょう。暗い言葉を聞いたり映像を見たりすることによって、それらの映像や言葉にふさわしい気持ちにつながってしまうからです。<u>そして、このプロセスも無意識に行われてしまうのです</u>。15・32ページでは映画ジョーズの事例を出して、映画監督は「視覚情報＝V」と「聴覚情報＝A」を使って聴衆に「特定の状態＝K」を作り出すとお伝えしました。

さまざまな自己啓発関係の本にも、幸せになりたかったら肯定的な言葉を意識的に使うほうがよいと書かれていますが、脳のプログラムの特性から考えても同じことが言えます。愚痴(ぐち)など否定的な話（A）を聞いていると、知らず知らずのうちにそれに反応する否定的な映像（V）を見て、さらにその映像に反応する否定的な気持ちを感じてしまう（K）こともあるのです。このような理由から、できるかぎり否定的な言葉は聞かない環境にいるようにし、自分自身も肯定的な言葉を使うことを心がけたほうがよいでしょう。

言葉が気持ちに影響を与えるパワー

言葉が（あなたの）過去の映像や音などにつながり、感覚や感情につながる。
つまり、言葉は「気持ち」に影響を与える。

「祭り」

言葉 → 過去の音や映像 → 感覚や感情

例 『ありがとう』 → うれしいできごとや、感謝したできごとを思い出す。 → 感謝の気持ちや、うれしかった感覚につながる。

例 『がっかり…』 → 落胆したできごとを思い出す。 → 落胆した気持ちや、ショック受けた感覚につながる。

だから、肯定的な言葉を使ったほうがよい！

16 相手に意図的に体験を作り出す

1 体験は五感でできている

33ページで、**体験の正体は五感**だとお伝えしました。NLP的に言うとVAKです。

たとえば、大好きなミュージシャンのコンサートに行って感動したとします。これは体験ですよね。「体験が五感」これを理解するには、その体験はどのような素材でできているのかを考えればよくわかります。まず、コンサート会場で見た映像（V）、そして、ギターやドラムなどの音（A）、また観客の声援（A）もあるでしょう。そして、全身で感じている熱気や胸で感じている（K）感動。——これらすべて五感のどれかに当てはまります。

そして、12ページで紹介しましたが、NLPのNはニューロの略で「神経」を意味し、おおざっぱに表現すると五感を意味すると紹介しました。体験・経験がプログラムを作っていくという話を何度もしましたが、**NLPではこの五感をどのように使うかをとても大切にします。**

2 言葉を使って体験を作り出す

言葉を聞くと、その言葉に反応する何らかの体験・経験に無意識にアクセスしてしまうという話は、65ページでご紹介したとおりです。たとえば、イメージなど視覚的な言葉を使うと、その言葉を聞いている相手も何らかの映像を見ている可能性が高いのです。また、音など聴覚的な言葉を使うと、相手は音を聞く可能性が高くなります。同じく感覚的な言葉を使うと、感覚にアクセスしやすくなるでしょう。そこで、**どの五感を表す言葉を使うかによって、ある程度相手の中に意**

図的に体験を作り出すことができるということになります。

たとえば、先ほどの盆踊りの例で見ていきますと、

家にいても、盆踊りの太鼓の音が聞こえてきました。ドンドコ　ドンドコ　ドンドコ　ドンドコ聞こえてきました。

▶このあたりでは、視覚と聴覚の両方が働くでしょう。

そのイメージの中では、ゆかたを着た屈強な男性が盆踊りのステージのてっぺんでドンドコドンドコ、力強く太鼓をたたいていました。そして、ステージの周りには、ちょうちんがたくさん吊られていて、きれいな光を放っていました。また、ゆかたを着た男女が、ステージの周りで踊っていました。

▶このあたりでは、視覚イメージが見えると思います。

そして、いつの間にか、私は早くお祭りに行きたいという強い好奇心を感じていたのです。

▶研修では、このあたりで、感覚的になったという方がいます。

3 「言葉」は状態を誘導する

　この盆踊りの事例から、どの五感を表す言葉を使うかによって、相手が体験する内容にある程度影響を与えることができるということがわかります。しかし、読者の皆さんは「盆踊り」の事例を読んで、そのように、言葉によって状態を誘導されていたと気づいていた方はあまりいないと思います。ですから、皆さんがこれらの原理を理解して日常生活で活用するのであれば、相手が気づかないうちに、相手の気持ちに何らかの影響を与えることも可能です。部下や生徒のやる気を

引き出すなど、さまざまな場面で応用できます。

4 「やる気」は感覚的なもの

　職場のリーダーの大切な役割の１つに、部下の「動機づけ」があります。「動機づけ」は平たく言うと「やる気」を引き出すことということになりますが、「やる気」は五感で表すと「身体感覚＝K」にあたります。なぜなら、「やる気」は「頭でイメージするもの＝V」ではなく、「音や言葉＝A」でもなく、多くの人にとっては「胸やおなかで感じるもの＝K」だからです。

　したがって、リーダーが部下の「やる気」を引き出すには、部下から好ましい「身体感覚」を引き出すような言葉の使い方を意識することは大切なことです。リーダーシップの古典的名著『１分間マネージャー』（K. ブランチャード、S. ジョンソン著。小林薫訳。ダイヤモンド社）という本の中にも、「気分の良い部下は、よい成果を生む」と述べられています。ここでいう「気分の良い」とは、NLP的にいうと、「好ましい身体感覚」を感じていると解釈することができると思います。

5 動機の源泉は思考ではなく感覚（K）

　目標を達成するためのバイタリティーを伴った行動の源泉は、「やる気」です。**人間は頭で正しいと思っていることでも、それをするのが嫌だと感じる場合は、なかなかそれを実行できません**。しかし、間違っていると頭で理解したことでも、それに強いやる気を感じるのであれば容易にそれを実行することができます。**つまり、「考えること＝思考」が動機を作り出すのではなく、「気持ち＝感覚（K）」が動機の源泉なのです**。

　何をするかを「考える（思考）」ことは、方向性を決定しますが、それを効果的に実行し達成できるかどうかは、「やる気」を感じるかどうかにかかっているのです。次の項目では、「やる気」を引き出す具体的な言葉の使い方をさらに説明していきます。

体験の正体は五感

> どの五感を表す言葉を使うかによって、ある程度、相手の中に意図的に体験を作り出すことができる。

A 盆踊りの太鼓の**音**が聞こえてきました。**ドンドコ　ドンドコ聞こえて**きました。

→ 聴覚（A）に訴える言葉

V ステージの周りには、**ちょうちんがたくさん吊られていて、きれいな光**を放っていました。そして、**ゆかたを着た男女が、ステージの周りで踊って**いました。

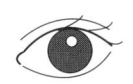

→ 視覚（V）に訴える言葉

K いつの間にか、私は**早くお祭りに行きたいという強い好奇心**を感じていたのです。

→ 身体感覚（K）に訴える言葉

V 視覚（V）に訴える言葉
- あの話は見えてこない。
- 先の見通しはついているの？
- しばらく見守ることにした。
- いい観点ですね。

A 聴覚（A）に訴える言葉
- 期限は、はっきりと言う。
- 片付けはテンポよくやろう！
- そのネーミングいい響きだね。
- 今日は、騒々しいな〜。

K 身体感覚（K）に訴える言葉
- 状況は把握できた。
- この仕事は手応えがある。
- 温かい心遣いありがとう。
- やる気が沸き上がる。

17 身体感覚へのアクセス

　やる気を引き出すには「身体感覚＝K」に影響を与える言葉を使うことが大切だとお伝えしました。このように、NLPでは意図的に五感（VAK）にアクセスする言葉を使ったコミュニケーションを重視しますが、アクセスしやすい感覚とアクセスしにくい感覚があるのです。

1 身体感覚（K）は再現しにくい

　たとえば、皆さんが誰かに「やる気を身体で感じてください」と言われたとして、すぐに感じることができるでしょうか？　おそらく、難しいと思います。次に、「やる気に満ちていたときの自分を思い出して、その映像（V）を見てください」と言われたらどうでしょう？　おそらく、比較的容易にその映像（V）を見ることができると思います。また、サザンオールスターズの曲を思い出して、頭の中で聴いてください（A）と言われたらどうでしょう？
　このように、身体感覚（K）は動機づけにとても重要な感覚なのですが、映像（V）や音（A）に比べて作り出すことが難しいのです。

2 身体感覚（K）にアクセスする方法

　では、どうすれば、「身体感覚（K）」にアクセスできるのでしょうか？　それは**比較的再現しやすいVとAを経由して作り出す**のです。たとえば⇒「かつてやる気に満ちていたときの自分を思い出してください（V）⇒そして、そのとき感じていた感覚を感じてみてください。」――この例を実際にやっていただければ、容易に感動の気持ち（K）を感じられたと思います。

身体感覚の特性とアクセスの方法

身体感覚（K）は再現しにくい

視覚（V）	頭の中で「海」をイメージしてください。		比較的容易にできる
聴覚（A）	頭の中でサザンオールスターズの歌を聴いてください。	笑ってもっとベイビー♪	比較的容易にできる
身体感覚（K）	「やる気」を身体で感じてください。		難しい

⬇

身体感覚（K）へは、視覚（V）と聴覚（A）を経由してアクセスする。

例；「かつてやる気があったときを思い出してください。それはいつですか？」
　　「そのとき、あなたは頭の中で何を見ていましたか？　何を聞いていましたか？」

18 短時間で気持ちを変化させるプレゼンテーション

　身体感覚（K）にアクセスするためには、視覚（V）と聴覚（A）を経由して作り出しますとお伝えしましたが、ここでは実際の事例をご紹介します。
　これまで、さまざまな研修やセミナーを行ってきましたが、楽な仕事ではないと思います。企業研修の講師をすることがありますが、会社によってずいぶん社風が違いますし、受講される方もさまざまです。企業研修の場合、あまり歓迎されないこともあります。なぜなら、ビジネスパーソンの方々はただでさえ忙しいのに、研修に来させられたという方もいます。また、メーカーなど技術系の会社の社員などは、どちらかといえばコミュニケーションが苦手なことも多く、いやいや専門外の勉強をさせられるといった印象をもつこともあるからです。

1 人の気持ちを変化させるプレゼンテーション

　このように、重い雰囲気があるときは、研修スタート後、早い段階で、受講生の気持ちを軽くしてあげれば、受講生も、講師も助かります。そして、「言葉による誘導」によって、受講生の気持ちを軽くしてあげられるのです。
　当然、「気持ち」を変化させるわけですから、身体感覚（K）に影響を与える必要があります。ですから、視覚（V）あるいは聴覚（A）から入って身体感覚（K）にアクセスするような話し方をするわけですが、実はもうその事例をすでに69ページで紹介しています。「盆踊りの事例」ですね。この事例は、話者が話した言葉が聞き手に伝わったときに聞き手の過去の体験・経験につながるという現象の例としてもお伝えしましたが、それだけではありません。

第1章　能力を倍増させる言葉の使い方、質問のノウハウ

　しつこいと思われるかもしれませんが、とても重要な部分ですので、どうかもう一度だけ掲載させてください。

　家にいても、盆踊りの太鼓の音が聞こえてきました。ドンドコ　ドンドコ　ドンドコ　ドンドコ聞こえてきました。

▶このあたりでは、視覚（V）と聴覚（A）の両方が働くでしょう。

　そのイメージの中では、ゆかたを着た屈強な男性が盆踊りのステージのてっぺんでドンドコドンドコ、力強く太鼓をたたいていました。そしてステージの周りには、ちょうちんがたくさん吊られ、きれいな光を放っていました。また、ゆかたを着た男女が、ステージの周りで踊っていました。

▶このあたりでは、視覚イメージ（V）が見えると思います。

　そして、いつの間にか、私は早くお祭りに行きたいという「強い好奇心」を感じていた（K）のです。

▶セミナーでは、このあたりで、感覚的になったという方がいます。

　この事例を再度読んで気づいたかと思いますが、まさに視覚（V）と聴覚（A）を経由して身体感覚（K）にアクセスしていたのです。この盆踊りの体験談は、いつも研修が始まって間もない時間にします。受講生にできるかぎり早い段階で気持ちを軽くしてもらい、学習に適した状態になってもらいたいからです。ここでは、お祭りの体験を思い出してもらうことにより、それにまつわる好ましい気持ち（K）に近づいてもらっているのです。そして、実際の研修では、この体験談を話す前に、この体験談が効果的に受講生の中に入っていくように、前ふりをします。以下がその前ふりです。

「さて、皆さん、これから研修をスタートさせていきますが、今回の研修でお伝えするコミュニケーションの極意を学んでいただくために、とても大切な私の体験談をこれからお話しします。それは、私の幼いころのお話です。私が7歳のころの体験です。さて、7歳とお伝えしましたが、皆さんにも7歳のころがあったと思います。7歳って小学校1年生か2年生くらいですね。

皆さんは、小学校1年生か2年生くらいのとき、ワクワクして楽しいって感じていたことって何でしょうか？（ここで、過去に意識を向けてもらいます）

（そして、三人から四人の人に答えてもらいます。たとえば、「近所の川でザリガニ取りをするのが楽しかった」など）

さて、皆さんが幼いころ大好きなことをしてワクワクしていたように、私もワクワクするような大好きなことがあったのです。

私は、お祭りが大好きだったのです。」

この後、「盆踊り」の体験談を話すのです。もうおわかりかと思いますが、盆踊りの話をする前に、7歳のころに戻ってもらってワクワクした気持ちに近づいてもらうのです。ここは24ページでご紹介した「焦点化の原則」も使っています。**7歳の楽しい時代に焦点化してもらうことによって、研修の重い世界から意識を切り離している**のです。

このように話すと、多くの人は盆踊りの体験を思い出しやすくなります。受講生がイメージしやすいようにゆっくりと話すなど、本当は技術的に工夫が必要ですが、骨子はおわかりいただけたかと思います。「ドンドコ　ドンドコ」これは音（A）ですね⇒「ちょうちんがきれいな光を放っていました」これは映像（V）ですね⇒そして最後に「強い好奇心を感じていた」身体感覚（K）なのです。

このように、五感を刺激する言葉を意図的に使うことによって、効果的な影響を与えることができるのです。

第1章 能力を倍増させる言葉の使い方、質問のノウハウ

●プレゼンテーションで身体感覚にアクセスする方法●

人の気持ちを変化させるプレゼンテーション

たとえば、7歳のころの楽しい思い出やワクワクしたことにアクセスしてもらう。
= 7歳の **楽しい時代に焦点化** してもらうことで、**研修の世界から意識を切り離している**。

▼

そして、**視覚（V）や聴覚（A）を刺激する**；
V =「屈強な男性、ちょうちんのきれいな光…」
A =「ドンドコ　ドンドコ」

▼

最後に、**身体感覚（K）へとアクセスする**；
K =「強い好奇心」

▼

身体感覚（K）にアクセスすることで「気持ちの変化」につながる

19 質問が相手の方向を決定する

　この章では、コミュニケーションの道具である「言葉」の力について解説してきました。ふだん、なにげなく使っている言葉に、実は大きな力があるということを理解いただけたのではないかと思います。そして、ここでは、「質問」のパワーについてご紹介します。質問も毎日のように使っていますが、実は大きなパワーを秘めているのです。

1 質問は焦点化を作り出す

　24ページでは、「焦点化の原則」を紹介しました。意識の座は1つしかないので、ある特定のことに焦点を当てたら、他のことを考えにくくなるのでしたね。たとえば、「三番めに尊敬している人は誰ですか？」と質問されれば、多くの人は、まず一番めに尊敬している人を思い浮かべ、次に二番め、そして最後に三番めという順に思い出していきます。そして、少なくとも、質問に答えるまでの時間は、尊敬している人は誰なのかということだけに焦点が当たっています。このように、誰かに質問をされると、焦点が質問の内容に向けられるのです。つまり、質問された人の意識は「質問の内容」の方向へ向かっていくのです。だとすれば、どんな内容の質問をするかによって、相手の意識は向かう方向が決められるということを意味するのです。

2 質問の内容が相手の意識の方向を決定する

　たとえば、部下が失敗したとします。その部下に上司が「なぜ失敗したのだ？」と質問するのと、「そのとき、どうすればうまくいっていたと思う？」と質問するのでは、まったく部下の意識の方向が違ってくるはずです。このように、質問は意識の方向を決定するのです。

第1章 能力を倍増させる言葉の使い方、質問のノウハウ

質問が相手の意識の方向を決定するロジック

**質問の本質：
質問は焦点化を作り出す**

（吹き出し）三番めに尊敬している人は誰ですか？

尊敬している人は誰なのか、ということにだけ焦点が当たる。

↓

質問の内容が相手の意識の方向を決定する。

なんで失敗したんだ？	失敗した理由に焦点が当たる。
どうすればうまくいったと思う？	うまくするために必要なことに焦点が当たる。

20 部下を有能にする質問、ダメにする質問

1 意識の焦点が状態を決定する

　78ページの最後に、「質問は意識の方向を決定する」と述べました。部下が失敗したときに「なぜ失敗したのだ？」と原因を追究したら、意識は失敗の原因を探しにいくと思います。そうなると、この部下はうまくいかなかった理由ばかりが見えやすくなるでしょう。「うまくいかなかった理由」を探していると、おそらく暗いイメージが見えたり、否定的な言葉が浮かんだりする可能性が高いでしょう。そうなると、<u>これらのイメージ（V）や声（A）に関連した暗い気持ち（K）を感じやすくなります</u>。

　もちろん、反省することは大切なことですので、原因を追究する必要はないというわけではありません。しかし、原因の中に浸っているかぎり、前へ進むのは難しいでしょう。

2 質問は焦点だけでなく状態まで変化させる

　逆に、失敗した部下に<u>「そのとき、どうすればうまくいっていたと思う？」</u>と質問してあげると、<u>「うまくいく方法」</u>に焦点が当たります。

　そうなると、肯定的な映像（V）や言葉（A）が浮かぶでしょう。そして、これらの映像や言葉は、前向きな気持ち（K）を作り出し、立ち直るきっかけを得ることになるかもしれません。

　人間は「焦点化の原則」の影響を受けますので、まるでテレビのチャンネルを変えるように、状態を変化させることも可能なのです。そして、別のチャンネルに移行する（別の焦点に切り替える）スイッチにあたるものの代表的なものが質問なのです。

第1章　能力を倍増させる言葉の使い方、質問のノウハウ

● 質問で相手の状態を変化させるロジック ●

質問は焦点だけではなく状態も変化させる。

「なんで失敗したんだ？」 → 失敗した理由に焦点が当たる。

↓

暗いイメージ（K）が見えたり、否定的な言葉（A）が浮かんだりして、暗い気持ち（K）を感じやすくなる。

「どうすればうまくいったと思う？」 → うまくするために必要なことに焦点が当たる。

↓

肯定的な映像（V）や言葉（A）が浮かび、前向きな気持ち（K）を作りやすい。立ち直るきっかけを得ることにつながる。

人間はテレビのチャンネルを変えるように、状態を変化させることができる。チャンネルのスイッチにあたる代表的なものが質問である。

21 質問は相手の潜在力を引き出す

　質問は「焦点化」を作り出すと述べましたが、実は、この本で定めたもう1つの脳の原則である「空白の原則」とも関係があるのです。

　20ページの空白の原則の解説の中で、脳はわからないことがあると、それを埋めるべく活動してしまうとお伝えしました。脳は「わからないこと＝空白」が嫌いなのでしたね。そして、コミュニケーションにおいて、この空白を作り出すものが質問（問い）なのです。

1 「問い」があるから「気づく」

　「あなたの名前は？」と尋ねられたとします。これはすぐに答えられますね。しかし、「質問（問い）」はすぐに答えられるものばかりではありません。たとえば、21ページで私の就職活動の体験談をご紹介しました。「自分は何に（どんな職業に）向いているのだろう？」という問いをもっていましたが、なかなかこの空白を埋めることができなかったと述べました。このように、「問い（質問）」の中には、なかなか答えられないものもあります。しかし、就職活動の期間中、問いをもったからこそ、新聞などの求人情報などが目に飛び込んでくるなど、さまざまな能力を発揮し、多くの気づきが得られたのでした。

2 潜在意識を動かすポイントは埋めにくい空白

　この就職活動の事例のように、すぐに答えが出ない「問い（質問）」は、潜在意識を活用するポイントとなるのです。「わからない」という状態を脳は嫌うので、脳は答えを見つけられるように潜在意識も使って動き出すのです。このように、「質問（問い）」は空白を作り出し、相手の潜在力を引き出す強力な道具なのです。

第1章　能力を倍増させる言葉の使い方、質問のノウハウ

質問が潜在力を引き出すロジック

質問は空白を作り出す

自分はどんな職に向いているのだろう？

空白ができている。

↓

空白を埋めようとする。

↓

新たな気づきがある。

埋めにくい空白（すぐにわからない問い）は、脳が全力で埋め（答え）ようとする。
したがって、潜在力を引き出すことができる。

22 エジソンも活用した潜在意識活用法

　82ページの最後で、「質問（問い）は空白を作り出し、相手の潜在力を引き出す強力な道具なのです。」と述べました。ここでは、「問い」を使って潜在意識を意図的に活用した偉人の事例を紹介します。

1 エジソンも使った潜在意識活用法

　きわめて優秀な人として、エジソンを挙げることができます。エジソンは優れた発明や発見を行いましたが、潜在意識を活用した発見や発明を行ったという記述があります。
　彼のような天才的な人間でも、すぐに発明・発見できるわけではなく、一日中考えても考えても答えが浮かばないということがあったようです。そんなとき、意図的に、夜寝る前に知りたいことをメモ用紙に書いて、そのメモ用紙とペンをベッドの近くに置いて寝ることがあったそうです。そして、朝目が覚めたとき、そのメモを見たら、知りたかったことが頭にひらめいていて、ただそのひらめきを書きとっていくと、すばらしい発明や発見がそこに書かれていたという体験を何度もしたそうです。

2 潜在意識は夜寝ている間も活動している

　この事例から、潜在意識は夜寝ている間も活動しているということがわかります。脳は「わからない」状態を嫌いますから、誘導ミサイルが自動的に目的を捕らえるように答えを探すのです。私も、日中長い時間考えてわからなかったことが、お風呂に入ってリラックスし思考をまったく別のものに向けた瞬間にひらめいたという体験があります。

潜在意識を活用する方法

エジソンも使った潜在意識活用法

寝る前に知りたいことをメモ用紙に書いて、メモとペンを枕もとに置いて寝る。

↓

朝、目が覚めたとき、そのメモを見たら、知りたかったことが頭にひらめいていて、ただそのひらめきを書きとっていくと、すばらしい発明や発見につながった。

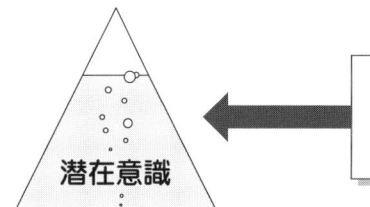

潜在意識 ← 潜在意識は夜寝ている間も活動している。

脳は「わからない」という状態を嫌うから、誘導ミサイルが自動的に目的を捕らえるように答えを探す。

23 自問自答が一日の仕事に影響を与える

「質問（問い）」が脳に「空白」と「焦点化」を作り出すとお伝えしました。これは、「問い（質問）」が思考や会話の方向性を作るということを意味します。ならば、人間は自分自身に対してどんな「問い」をもつかによって毎日の状態に影響がある、と言えるはずです。

1 人間は無意識のうちに自問自答を繰り返す

「人間は朝起きてから夜寝るまでに、無意識に数百回も自問自答している」と聴いたことがあります。読者の皆さんの中に、朝起きてすぐに、どんな言葉が浮かんでいるかということに意識を向けている人は、いるでしょうか？ あまり気にとめていない方も多いと思います。

「脳は空白を作るとそれを埋めようとする」のなら、朝一番で「否定的な問い」を自分にしてしまうと、否定的なイメージを作ってしまうことになります。さらに、<u>「否定的なイメージ（V）」は「否定的な状態（K）」を作り出します</u>。

2 自問自答（質問）の質が、一日の状態に影響を与える

極論ですが、朝一番に「今日も嫌なことが起こるのかな？」という「問い」が頭に浮かんだとします。そうすると、この「空白（問い）」はどのようなイメージで埋まるのでしょうか？ 「問いの内容」が思考の方向を決めますので、この答えは当然暗くつらいイメージのはずです。そして、このようなイメージは、「身体が重い」という状態を作り出すでしょう。このようなプロセスは、通常、気づかないうちに行われているのです。

自問自答の質の影響

人は無意識のうちに自問自答を繰り返す

朝一番、起きてすぐにどのような問いを自分にしているか？ → 一日の始まりの状態を決定する。

今日も嫌なことが起こるのかな？ → 暗くつらいイメージなどが、「身体が重い」という状態を作り出す。

自問自答（質問）の質が、一日の状態に影響を与える！

24 自問自答を使ってセルフコントロールする

　自問自答（質問）の質が一日の状態に影響を与えるとお伝えしました。そして、多くの場合、自問自答は無意識に行われているプロセスだと述べました。NLPは無意識（潜在意識）の性質を理解し、それをコントロールする方法を提供しますが、無意識に行われる自問自答に関しても、コントロールは可能です。その第一歩は、自分が「どんな自問自答をしているのか」に気づくことです。**気づくことなしに修正することはできません**。

1 自分のパターンに気づく

　「無意識にどんな質問を自分にしているのか？」——このようなことはふだんは意識していませんから、ほとんどの人が気づいていません。しかし、それは焦点が当たっていないから気づかないのです。意図的にそこに焦点を合わせることにより見えてきます。

　ストップウォッチで10分おきにアラームが鳴るようにセットして、アラームが鳴ったら、その間どんな「問い」や「言葉」が頭の中に浮かんだのかを思い起こしてみるのです。まる１日もすれば、自分の思考パターンも見えてきますが、根気のいる作業ですので、30分ずつでもよいでしょう。ただし、１日のうちのどの時間帯にどんなことを考える傾向があるのかを知っておいたほうがよいので、何日かかけてトータルで起きてから寝るまでの時間を網羅したほうがいいでしょう。

2 意図的に肯定的な問いを投げかける

　自分の問いのパターンが見えたら、意図的に「悲観的な問い」を「楽観的」な問いに変えてみましょう。気持ち（K）が変わるはずです。

自問自答をコントロールする方法

自分は無意識でどのような自問自答をしているかに気づく

10分おきにアラームが鳴るようにセットして、アラームが鳴ったら、その間どんな「問い」や「言葉」が頭の中に浮かんだのかを思い起こしてみる。

↓

1日のうちのどの時間帯に、どんなことを考える傾向があるのか、を知る。

1日30分、数日間これを行うことで、自分の問いのパターンが見えてくる。

自分の問いのパターンが見えたら、悲観的な問いを楽観的な問いに変える
➡ 気持ち（K）の変化につながる

25 質問が成功の習慣を作る

　ここまで質問のパワーについて述べてきました。世界的に有名なNLPトレーナーであるアンソニーロビンズは、成功の習慣を作ることを提唱しています。そして、肯定的な質問を決まった状況や時間にする習慣を身につけることの重要性を説いています。彼は著書の中で、状況ごとの「質問リスト」を参考に掲載しています。「問題解決のための質問リスト」「毎朝の質問リスト」「毎晩の質問リスト」などです。

1 意図的に決まった質問をする習慣

　たとえば、朝起きたときに、「今日はどんなすばらしい出会いがあるのだろう？」「今日はどんなすばらしいできごとがあるのだろう？」という質問（空白）を自分に投げたとします。そうすると、おそらく豊かなイメージが沸き、朝から豊かな気持ちを味わうことができるでしょう。仮にこれらの問いの答えがすぐに浮かばなかったとしても、脳は探し続けますので、「すばらしい出会い」や「すばらしいできごと」が見えやすくなるでしょう。人間は焦点に当たったものしか見えません。ならば、豊かさをもたらしてくれるものに焦点を当てることは大切なことだと思いませんか？

2 「問い」は見る面を決定する

　人間は、同じものを見ても見え方が違ってきます。なぜなら、焦点を当てている部分を見てしまうからです。たとえば、「クレーム＝つらいもの」ととらえていたら、嫌な面がたくさん見えるでしょう。しかし、「このクレームから何が学べるだろう？」と自分に問うことによって、同じものの肯定的な面を見ることができるのです。

肯定的な質問のリストとメリット

意図的に決まった質問をする習慣

毎朝の質問リスト

① 私の人生は今、何がなぜ幸せだろう？
② 私は自分の人生で今誇りに思っていることは何だろう？
③ 今感謝したいことは何だろう？
④ 今もっとも楽しんでいることは何だろう？
⑤ 私は誰を愛しているだろう？ なぜだろう？ そして、私を愛してくれる人は誰だろう？ など

毎晩の質問リスト

① 今日、何の役に立っただろう？
② 今日、何を学んだだろう？
③ 今日、人生の質をどう向上させただろう？
④ 将来への投資として、今日一日をどのように使っただろう？ など

※朝の質問を再びしても、もちろんかまいません。

▼

「問い」は見る面を決定する

〈肯定的な「問い」により、肯定的な面を見ることができる〉

26 状況に応じた効果的な質問例（リフレーム）

　90ページで「問いは見る面を決定する」とお伝えしました。そして、88ページでは、「人間には無意識にしてしまう質問（自問）のパターンがある」と述べました。となると、楽観的な人には楽観的になりやすい質問のパターンがあり、悲観的な方には悲観的になりやすい質問のパターンがあると考えることができます。28・90ページのクレームの例からも、同じものを見ても、人によって反応の仕方が違ってきます。ならば、状況別にものごとの良い面を見ることのできる質問を用意し意図的に使用することは、良いパターンを身につけることにつながります。右側のページに、いくつかの状況に応じた質問例を掲載しました。

1 フレーム（ものごとを見る視点）

　クレーム（苦情）の例を出しましたが、同じできごとを体験しても、体験の仕方が人によって異なります。また、同じ人を見ても評価が違います。対象となる人の良い面を見ている人と、悪い面を見ている人がいるからです。このように、対象が同じでも、とらえ方（ものの見方）が違うとまったく受け止め方が違ってくるのです。この「ものの見方」のことを、NLPではフレーム（額）といいます。「この人はいい人」という額（フレーム）をかけて見たら、良い部分が焦点化されます。「嫌な人」という額をかけたら、嫌な面がめだつのです。

2 フレームを変化させる

　これまで見てきたとおり、質問は「焦点化」を作り出しますので、質問することで、別のフレームを見てもらうことができるのです。そして、NLPではフレームを変化させることを「リフレーム」と呼びます。

第1章 能力を倍増させる言葉の使い方、質問のノウハウ

● 状況に応じた質問例、フレーム・リフレーム ●

状況に応じた質問例

生産性向上の質問リスト

① どうしたら、この成果をより短時間でよりたくさん出すことができるだろうか？
② どうしたら、もっと質の良い成果を出すことができるだろうか？
③ どうしたら、自分の周りの人の生産性を高めることができるだろうか？　など

決断の質問リスト

① 新しい選択肢の悪い面は何だろう？
② 最悪の場合、何が起きるだろう？　それを自分は切り抜けられるだろうか？　など

問題解決の質問リスト

① この問題の良いところはどこだろう？
② 解決に必要なものは何だろうか？
③ この問題を解決するために、何ができるだろうか？
④ この問題を解決するために、何をやめるべきか？
⑤ これら必要なことを、楽しみながらやるためには、どうしたらいいだろう？　など

NLPでは、「ものの見方」のことをフレーム（額）、フレームの変化をリフレームという。

※リフレームに関しては、186ページで詳しく解説しています。

27 間接的な表現で部下を納得させる

　人は強要されることに抵抗があります。たとえば、頭ごなしに「この商品は優れています。」と押しつけられたら、違和感を感じる人もいるでしょう。なぜ、人は強要されると抵抗するのでしょうか？　理由は、29ページでご紹介したように「安全・安心欲求」があるためです。

1 人間は決定権を求めている

　たとえば、私が読者の皆さんに「この本は優れています！」と強く言ったとします。そうすると、この本の価値を私が勝手に決定していることになります。つまり、皆さんに決定権はなく、価値を押しつけられていることになります。そして、**決定権がないということは、コントロールできないということを意味し、無意識が安全でない（危険）と感じることがある**のです。

2 直接的な表現より間接的な表現のほうが受け入れやすい

　次に、私が皆さんに「この本は優れた本だと思いますか？」と聞いたとします。この場合、決定権はどちらにあるでしょう？　今度は皆さんのほうですね。そうすると、**安心してこの言葉を受け入れ**、答えを出すことができます。**言葉は受け入れられて初めて価値をもちます**。このように、言葉を相手に受け入れてもらうため、**質問など間接的な表現を使ったほうが有効な場面があります**。逆に、直接的（強制的）な表現は、相手の潜在意識が拒否する場合があります。部下に命令するのは簡単ですが、部下を納得させるには、言葉を受け入れてもらう必要があり、「質問」は有効な手段となります。

決定権をもつと安心・安全（本能）が満たされる

上司と部下の会話（1対1の場面）

決定権を与えない例

上司：○○君、今年のわが社の目標は売上を二倍にすることだ。だから、みんな例年以上に気合いを入れてがんばっているんだ。君にもしっかりやってもらわないと困るんだ。いいな？

部下：はい、わかりました。

（部下は納得していないが、返事をする。潜在意識は"No"と言っている）

決定権を与える例

上司：○○君、今年のわが社の目標は売上を二倍にするというふうに掲げているが、これについてはどう思っている？

部下：はい、正直不安です。例年より今年は新入社員が多いですし、管理職の方も多く退職されました。

上司：うんうん。

部下：それに同期のAにしてもBにしても、去年の時点でかなりキツそうにしてましたから…

上司：そうだよな。新入社員も多いし、管理職は減るし。AもBもキツそうにしていたか。それは当然不安だよなあ。

部下：はい。

上司：今不安なのは十分にわかる。そのうえで売上を二倍にするために、○○君にできることは何だと思う？　そして、それを成しえて会社としても売上二倍にできたらどんないいことがあると思う？

（より自発的に取り組める。潜在意識も比較的"Yes"）

28 質問を主体にしたコーチング

1 コーチングというコミュニケーション

　最近、「コーチング」というコミュニケーションが注目されはじめています。その効果として、「考える習慣、考える力がつく」「個人の意欲が高まる」などさまざまな利点があります。

　では、「コーチング」とはどのようなコミュニケーションなのか？大変おおざっぱに説明すると、「質問を主体とした聴くコミュニケーション」と言えます。

2 ビジネスシーンでも活躍するコーチング

　最近、コーチング研修に対する企業のオーダーが多くなっています。これはこのコミュニケーションスタイルが最近の企業のニーズに合っているからではないかと思います。世の中はどんどん多様化し複雑化していると言われています。現在のように情報過多でスピードの速い時代には、上司がすべての部下に指示を与えることが難しく、現場の社員の誰かに答えを求めるのではなく、自分で考え自分で解決しなければならない場面が増えています。そうなると、常日ごろから考えさせ、自分で答えを出す習慣を身につける訓練が必要になります。そして、その訓練に最適な方法の1つがコーチングなのです。

3 考える習慣が問題解決力を生む

　経験豊富で多くの情報を持っている上司が、部下に仕事のやり方を説明するとします。このとき、部下は熱心に聴いているでしょうが、あまり自分で考える必要はないかもしれません。しかし、意思決定が

必要とされる場面で、部下が上司に質問されたら、答えを出すべく考えなければなりません。優秀な管理者は部下に考える習慣をもたせるという話を聴いたことがありますが、質問によるコミュニケーション（コーチング）も問題解決力を養う有効な方法となるのです。考える習慣がある部下は、現場で問題が起こったときも上司に頼ることなく自分で答えを出すことができるのです。

4 表面ではなく、本質を追究する姿勢を

　コーチングを学び始めたころ、コーチングは質問し答えを引き出すコミュニケーションだから、質の高い質問が大事だと思っていました。ですから、気の利いた質問をしようと、質問を考えることに意識が向かっていました。質問集なんかも買って参考にしました。しかし、クライアントの数だけ状況は違うし、同じクライアントでも、日によってテーマが違うので、「型」なんてありません。コーチング、カウンセリングなどコミュニケーションをテーマとした本などに書かれている会話例を参考にしましたが、会話例のとおりに相手が答えてくれることはありません。現場ではいつもさまざまなシチュエーションがあり、毎回、柔軟性が試されました。そんなとき、NLPに出会い、質問の本質を理解したのです。

　質問は「焦点」と「空白」を作り出す。これが質問の本質です。相手がどんなフレームでものごとを見ているのか？　ポジティブになってもらうにはどんな視点（焦点）を提供すればよいのか？　この人にとって、埋める価値のある「空白」は何か？　このように、相手の話を聴き会話の方向性だけに意識を向けていくと、おのずとその場で必要な質問がひらめきました。

　また、コーチングを学び始めたころは質問のパワーにも気づいていませんでしたので、コーチングの効果に関しても半信半疑なところがありました。しかし、NLPを学び質問のパワーと可能性を知って、自信をもって質問をすることができるようになりました。

5 本質の理解が大切

　丸暗記の知識は柔軟性に欠けます。上司に言われたとおりの仕事をすることに焦点を当てているかぎり、その仕事の経験を他の仕事に応用することは難しいでしょう。しかし、あらゆる仕事は、他の仕事を上達させる秘訣を含んでいることが多いのです。私の知り合いで、人事部に長く務め傑出した能力を発揮した後、営業部へ配属が変わった人がいます。彼は営業の仕事は初めてでしたが、人事部時代に「業務そのものの本質（業務の手順等）」や「人とのやりとりの本質（人間関係等）」に精通していたので、営業部の他のメンバーを圧する業績を残したのです。

　私たちが行う日々の業務は、無数にあります。しかし、それら数多くの業務には、本質的に共通している要素が多くあります。私は、学生時代に学習塾で講師をしていました。その当時は英語、数学などを教えていましたが、特定科目を教える以前にもっと大切なことがあると実感していました。それは英語、数学などの科目の**成績の良い人たちに共通する本質**でした。成績の良い生徒の特徴は、「その科目が好きで、勉強に関するセルフイメージが高い」、つまり「勉強に関しての肯定的なビリーフ（信念）をもっている」などです。ですから、英語の勉強（表面）を教えるよりも、「どうすればその科目を好きになってもらえるか？」「どうすれば苦手意識を克服してもらえるか？」などを大切にしました。特定科目を教えることに時間をかけるのではなく、やる気になってもらえる話をよくしました。そして、やる気になった生徒は、自宅で長い時間勉強をしました。成績が伸びたのは言うまでもありません。**NLPも本質が大切です**。

　この章で、質問について、あえてかなりのページを使って説明しました。なぜなら、質問の本当の価値を知っている者だけが、それを大切なものとして扱えるからです。そして、本当に価値があると思って使うからこそ、相手に真剣さが伝わり影響を与えるのです。

コーチングの質問のノウハウとパワー

質問の本質の理解が大切

＝

質問は「焦点」と「空白」を作り出す

- 相手がどんなフレームでものごとを見ていて、ポジティブになってもらうためにはどんな視点（焦点）を提供すればよいのか？
- この人にとって、埋める価値のある「空白」は何か？

➡ おのずとその場で必要な質問がひらめいた！
（「コーチング質問集」は不要!）

NLPを学び質問のパワーと可能性を知って、自信をもって質問できるようになった。

▼

価値があると思う度合いが深いほど、影響力が高まる。

第2章
相手の意識のレベルに応じたコミュニケーションの仕方

29 「意識のレベル」とそれに対応する言葉

1 「意識のレベル」とそれに対応する言葉

　この章では、ニューロロジカルレベルと呼ばれる「意識のレベル」に関する理論をご紹介します。ふだん私たちがなにげなく使っている言葉は、**相手の表面的な意識に届く言葉と深い部分に影響を与えてしまう言葉がある**のです。しかし、私たちの多くはそれに気づくことなく、区別することなく使っています。以下の５つのセンテンスは、５つの異なった「レベル」に影響を与えます。その理由を、順を追って説明します。

① あなたの環境はすばらしい。
② あなたの振る舞いはすばらしい。
③ あなたは〜の分野ですばらしい素質がある。
④ あなたが信じて価値をおいていることはすばらしい。
⑤ あなたはすばらしい。

2 ニューロロジカルレベルとは？

　ニューロロジカルレベルとは、NLPのトレーナーであるロバート・ディルツが体系化した理論で、「意識のレベル」に関する研究です。
　ニューロロジカルレベルでは、次ページの図のように、浅いレベルから「環境レベル」「行動レベル」「能力レベル」「信念・価値観レベル」「アイデンティティー（自己認識）レベル」と、意識が５段階の階層になっていると考えます。

意識のレベルに対応するセンテンスは？

ニューロロジカルレベル

- アイデンティティー WHO → 使命・役割
- 信念・価値観 WHY → 動機・許可
- 能力 HOW → 戦略・計画
- 行動 WHAT → 行動・反応
- 環境 WHERE WHEN → 機会・制約

Q 次のセンテンスはどのニューロロジカルレベルを対象とする？ 〈➡解答は次ページ〉

① あなたの環境はすばらしい。
② あなたの振る舞いはすばらしい。
③ あなたは〜の分野ですばらしい素質がある。
④ あなたが信じて価値をおいていることはすばらしい。
⑤ あなたはすばらしい。

私たちは、コミュニケーションにおいて、あるものごとについて話すとき、さまざまなレベルで反応すると言われています。たとえば、**環境**を認識するさいに使う神経と、**行動**をつかさどる神経が同じではないということは、よく考えると理解できます。**環境**つまり外側の世界を認識するためには、「五感」を使う必要があります。それに対して、何らかの**行動**をとるときには、筋肉とそれを動かす神経系（小脳など）を使います。そして、**環境 ⇒ 行動 ⇒ 能力 ⇒ 信念・価値観 ⇒ アイデンティティー** とレベルが上がれば、私たち人間はより深く重要な部分に影響を受けると言われています。

3 レベルによる体験の違い

　103ページでご紹介した5つのセンテンスは、すべて同じ評価をしています。全部「すばらしい」という評価です。しかし、これらのセンテンスをしっかりと読んで体験すると、それぞれ身体の反応の違いを直感的に感じることができます。あるレベルのセンテンスは他のものより強く反応し、またあまり影響を受けなかったものもあるかもしれません。異なっている点は、対象とする意識のレベルです。103ページのセンテンスは、①＝環境、②＝行動、③＝能力、④＝信念・価値観、⑤＝アイデンティティーに対応していたのです。

　103ページの5つのセンテンスを順を追って説明します。まず**環境レベル**です。「①あなたの環境はすばらしい」。たとえば、「あなたが今いる環境はすばらしい」と言われたとします。これを聴いたあなたは、自分のことが評価されているのではなく、自分以外の外側のものが評価されていると直感的に感じると思います。

　次に**行動レベル**。「あのときとったあなたの行動（振る舞い）はすばらしい」と言われたとします。そして、実際にすばらしい過去の行動を具体的に思い出して、それが「すばらしい」と評価されたと感じてみてください。おそらく、今度は先ほどの環境レベルとは違って、自分自身が評価されていると感じると思います。しかし、多くの方に

とっては重要な部分が評価されたのではなく、**どちらかといえば表面的な部分が評価されたと感じる**でしょう。

次に **能力レベル**。「③あなたは〜の分野ですばらしい素質（能力）がある」と言われたとします。実際に、得意分野を１つ思い浮かべていただいて、それに関する素質が評価されたと感じてみてください。多くの人にとっては、今度は行動レベルよりも大切な部分が評価されたと感じたのではないかと思います。能力は行動を生み出すものであり、より上位の概念だと考えることができます。

今度は **信念・価値観レベル**。「④あなたが信じて、価値をおいてるものはすばらしい」。実際に大切にしている価値観が評価されたと感じてみてください。おそらく、生き方そのものが承認されたような、とても大切なものが評価されたと直感的に感じるのではないでしょうか。

最後に、**アイデンティティー（自己認識）レベル**。アイデンティティーとはあなたの存在そのもののイメージ（セルフイメージ）だと思ってみてください。そして、アイデンティティーは「あなたは〜」「私は〜」「彼（彼女）は〜」という形で表現されます。「⑤あなたはすばらしい」と言われたとします。**このレベルの評価は、それ以外のレベルの評価と根本的に違います**。たとえば、「あなたの行動はすばらしい（行動レベル）」と言われたとします。この表現を聞いたあなたは、あなたのすべてが評価されていると感じるのではなく、自分の中の一部、つまり１つの行動が評価されたと感じるはずです。「能力」「信念・価値観」レベルに対する評価も同様に、**全体にではなく、部分に対するものです**。しかし、**あなたはすばらしいと評価されるとき、**「あなた＝すばらしい」というように、**部分ではなく「すべてがすばらしい」と一般化されます**。つまり、セルフイメージ全体に影響があるのです。

以上見てきたように、意識にはレベルがあり、それぞれのレベルに伝わる言葉があるのです。

30 5つの意識レベルの事例

　この5つのレベルを「ピアノを弾く」という事例でご紹介します。

　まずは **環境レベル**。「ピアノを弾く」さいに必要な「環境」は、グランドピアノのある部屋であり、「楽譜」や「防音設備のある部屋」ということになるでしょう。

　では、**行動レベル** は何か？というと、ピアノの鍵盤を押す行為（行動）ということになります。

　能力レベル は、「ピアノで曲を弾く」ということになります。ここで「行動」と「能力」の違いが明確になります。たとえば、ピアノの鍵盤を押すという行動は、3歳の子どもにもできるでしょう。しかし、ピアノの曲を弾こうと思ったら、特別なトレーニングをした人にしかできません。「ピアノを弾く」には組織的な指の動きが必要とされるため、単なる動き（行動）とは違います。そこで、この理論では、「能力レベル」は「行動レベル」より高度だと考えます。

　この事例での **信念・価値観** は、「ピアノは人を豊かにする」などの価値観です。このように、肯定的な価値観は、人に動機（やる気）を与えます。

　この事例での **アイデンティティー** は、「私はピアニストである」という表現で示されます。アイデンティティーは人の在(あ)り方のことで、「私は〜」「あなたは〜」言葉で表現されます。そして、「私はピアニストである」というアイデンティティーをもった人は、ピアノは人を豊かにするという価値観、ピアノで曲を弾くという能力、ピアノの鍵盤を押す行為（行動）、グランドピアノのある部屋や楽譜といった環境、これらすべてのレベルと関係し、含んでいることがわかるでしょう。このように、<u>上位のレベルは下位のレベルを含みます</u>。

ニューロロジカルレベルの具体例

「ピアノを弾く」意識レベル

〈事例〉

アイデンティティーレベル	私はピアニストである
信念・価値観レベル	ピアノは人を豊かにする
能力レベル	ピアノで曲を弾く
行動レベル	ピアノの鍵盤を押す
環境レベル	グランドピアノ、楽譜、防音設備

「私はピアニストである」というアイデンティティーをもった人は、ピアノは人を豊かにするという価値観、ピアノで曲を弾くという能力、ピアノの鍵盤を押す行為（行動）、グランドピアノのある部屋や楽譜といった環境、これらすべてと関係し、含んでいる。

31 使命感や価値観が行動に影響を与える

　104ページで、「103ページのセンテンスは、①＝環境、②＝行動、③＝能力、④＝信念・価値観、⑤＝アイデンティティーに対応していたのです。」とお伝えしました。そして、おそらくこの5つのセンテンスをしっかりと体験すると、多くの人はレベルが上がるごとに、より重要な部分が評価されていると直感的に感じたのではないかと思います。では、なぜこのようなことが起こるのか、順を追って紹介していきます。

1 上位のレベルが下位のレベルに影響を与える

　まず、102ページでご紹介したニューロロジカルレベルが、私たちの生活とどのような関係があるのかを見ていきます。ニューロロジカルレベルでは「上位のレベルが下位のレベルに大きな影響を与え、下位のレベルも上位のレベルに影響を与えるが大きな影響を与えるわけではない」と考えます。

2 信念が能力に与える影響

　たとえば、「英語の学習」を事例にして考えてみます。上から2番めの位置に信念・価値観レベルがあります。そして、仮にある人が「英語の学習は人生を豊かにする」という信念をもっていたとします。すると、この信念は 能力レベル にどんな影響を与えるでしょうか？おそらく積極的に英語の能力を高めていくように作用すると思います。
　ニューロロジカルレベルでは、信念・価値観レベル は動機（意欲）と関係があると考えます。ですから、特定の目的を達成するという観点で好ましい信念があるということは、特定の能力を向上させるとい

う観点で役に立つと考えることができます。
　たとえば、野球に関する好ましい信念・価値観がある人（野球が好きな人）は、野球の能力を高めるさいに大きな役割を果たすはずです。好きだからキャッチボールもするし、テレビで野球を見て研究したりするでしょう。しかし、野球に対して否定的な人（野球が嫌いな人）は、プロ野球もあまり見ないでしょうし、バッティングセンターにも行かないでしょう。これでは能力を伸ばしようがありません。能力は筋肉と同じように、使えば使うほど発達するからです（103ページの表参照）。
　このように、**能力**を開発するには**動機（意欲）**が大きな役割を果たしますが、ニューロロジカルレベルでは動機は信念・価値観と関係があると考えます。
　先ほどの「英語の学習」に関して、好ましい信念をもっている人は、英語の学習をするとき、どんな能力を発揮するのでしょうか？　言うまでもなく、人は好きなことをしているときに高い能力を発揮するものです。28ページで「快・痛みの原則」を紹介しましたが、好きなことをしているとき、脳は「快」を感じてフル回転してくれるのです。
　では、逆に英語学習に否定的な人（英語の学習に否定的な価値観をもっている人）はどうでしょう？　おそらく、いやいや英語の勉強に取り組むでしょう。そうすると、通常よりも効率の悪い学習になってしまうでしょう。読者の皆さんも、苦手科目の勉強をしようと思ったらいたずらに時間だけが過ぎてしまい、思うように理解できなかったという苦い経験をもっていると思います。これも「快・痛みの原則」の影響を受けています。「苦手科目の勉強」は脳のレベルでは「痛み」であり、それを避けるようにプログラムされてしまうから、意識ががんばろうと努力しても、無意識が避けようとしているから思うように前へ進まないという結果になってしまうのです。つまり、信念が「制限」を作り出しているということになりますね。
　103ページの図にも書いていますが、**信念は強力な動機**を作り出すこともありますが、**制限**を作り出すこともあるのです。「**信念（動機）**

が能力に影響を与える。」——これでおわかりいただけたかと思います。

3 行動レベルに与える影響

　ここで 行動レベル を見ていきます。この「英語の学習は人生を豊かにする」という信念をもつ人は、どんな 行動 をとるでしょうか？

　おそらく、英会話学校に通うとか、積極的に外国人に話しかけるなど、この信念に大きな影響を受けた行動をとる可能性が高いと推測できます。能力 は具体的な「行動（振る舞い）」としてアウトプットされます。では、「英語の学習に否定的な信念をもっている人」は、どんな行動をとるのでしょう？　極論ですが、英語を避けて、英語とは別の分野の学習をするかもしれません。そうすると、それぞれの信念をもった人に、どんな環境が現れるのでしょうか？

4 環境レベルに与える影響

　まず、「英語の学習は人生を豊かにする」という信念をもっている人は、極論ですが英語に関する能力を有効に使い、伸ばし、たくさんの行動に結びつけた結果として、大学の外国語学部などに入学して、英語と密接な関係のある 環境 に身をおくかもしれません。また、外資系の会社に入社したり、外交官を志したりするかもしれません。しかし、英語の学習に否定的な信念をもっている人はどうでしょう？英語とは縁の薄い理系の学部に進学したりするかもしれません。

　ここまで見てきたように、上位の概念はより重要な意味をもち、下位の概念に大きな影響を与えているのです。しかし、多くの人はこれらのことに気づいていません。自分の中にどんな信念や価値観があり、それがどんな現実（行動や環境）を作り出しているのかという視点をもつと、自分を知ることにつながります。

　NLPでは、自分の中にある信念や価値観を発見したり、それを変化させることを重視しており、そのための具体的な方法もあるのです。

上位レベルの下位レベルへの影響の例

- 上位のレベルが下位のレベルに大きな影響を与える。
- 下位のレベルも上位のレベルに影響を与えるが、大きな影響を与えるわけではない。

アイデンティティー	使命・役割
信念・価値観	動機・許可
能力	戦略・計画
行動	行動・反応
環境	機会・制約

英語の学習の例

信念:「英語の習得は人生を豊かにする」
　↓
能力:英語学習が快と連結し、高い能力を発揮
　↓
行動:外国人に話しかける、英会話学校に通う等
　↓
環境:外国語学部や外資系企業に入る

このように、上位の概念は下位の概念に大きな影響を与えている。

32 成功者のモデリングをする

　ここまで、ニューロロジカルレベルの上位の概念が下位の概念に影響を与えるということをお伝えしてきました。今度は逆に、下位の概念が上位の概念に影響を与える例も見ていきます。

1 信念は体験によって作られ、行動は信念によって支配される

　たとえば、「私は英語を話せない」という信念をもっている人がいたとします。この人が海外赴任が決まって短時間で英語を習得しなければならなくなった場合、効果的に英語を習得するためには、英語に対する苦手意識を払拭したほうがよいでしょう。そして、苦手意識を払拭する方法の1つが「体験・経験」なのです。つまり、行動を積み重ねることです。

　203ページでも解説していますが、信念を一言で表現すると「思い込み」に近いものです。しかし、強い信念（思い込み）ができると、今度はそれが行動を支配します。

　40ページでは「人間を動かすプログラム」について解説しました。そこでは「犬恐怖症」と「高所恐怖症」の事例を通して、体験がプログラムを作るとお伝えしました。そして、恐怖症も信念の一種であると考えることができます。なぜなら、犬恐怖症などの信念（プログラム）は特定の人にのみ当てはまるものであり、すべての人に共通するものではないからです。つまり、特定の人の強い思い込みであり、真実ではないと考えることができます。

　そして、信念もプログラムであり、体験によってできるのです。41ページの図のように、強烈な体験が一般化され信念（プログラム）ができたなら、今度はそれが体験を作り出す行動を支配するのです。同

様に、ニューロロジカルレベルでも、上位にある信念が下位にある行動を支配するという構図になります（111ページの図など）。

2 下位概念が上位概念に影響を与える

このように、信念がどのようにできあがったのかを考えると、どのようにそれを塗り替えればよいのかもわかります。先ほどの英会話の例にあてはめますと、まず何らかの行動をとってもらうということになります。たとえば、英会話学校に入学するというのも１つの方法です。そして、もっとも簡単な基礎クラスからスタートします。そうすると、自分のペースでしかもやさしいレベルから学べます。しかも、英会話学校の先生が外国人なら、外国人と話している、話せているという体験・経験を積むことができます。そういう行動を積み重ねていくと、能力レベルに影響が出ます。こつこつ英語の学習という行動を積み重ねていくと、確実に能力は上がっていきます。そして、確実に外国人と英語で話せる内容が増えてきます。さらに、たまたま駅で見知らぬ外国人にどの電車に乗れば目的地に着けるかを聞かれて、それにお答えできたとします。そうすると、「私は英語は話せない」という信念をもう感じない自分がいるかもしれません。もちろん、これだけで「英語は得意だ」みたいに大きく信念が変化することはないと思いますが、少なくとも苦手意識は減ったはずです。これが変化です。42ページでもお伝えしたように、「プログラム＝信念」はインパクトだけでなく回数（行動の積み重ね）によってもできるのです。

このように、行動を積み重ねると、信念にまで影響が及ぶのです。つまり、下位概念が上位概念に影響を与えるのです。

3 信念のモデリング

アメリカにアンソニー・ロビンスという世界的なコーチがいると、お伝えしました。彼は「成功者になりたかったら、成功者のモデリングをしなさい」と言っています。モデリングとは模倣すること、つま

り成功者と同じように考え、行動しろということです。彼は成果を手に入れるということは右ページの図のようなものだと言っています。

成果は、右ページの図では「果物」にあたります。その「果物」のカゴはしっかりとしたテーブルの上にありますが、このテーブルが信念にあたります。「信念が現実を創り出す」と多くの能力開発関係の書籍にも書かれています。このテーブル（信念）は4本の足に支えられていますが、この「4本の足」が「行動」にあたるのだそうです。

4 行動のモデリング

成功者になりたければ、まず成功者が達成（実現）している現実を観察して、どんな信念がその現実を引き寄せているかを考えること。そして、ここが興味深いのですが、成功者がもっている信念がわかったら、**「どんな行動をとればその信念が手に入るかを考えなさい」**と、アンソニーは力強く言っているのです。ここからも、行動が信念を創り出すということがわかります。つまり、好ましい行動が好ましい信念を創り出し、好ましい信念が好ましい現実を創り出すというわけです。

5 上位概念は変わりにくい

ここまで、「上位概念が下位概念に影響を与える」ということと、下位概念も上位概念に影響を与えることができるということを、ご紹介しました。ただし、信念のような上位に位置する部分のほうが影響力が大きいということも、理解いただけたかと思います。そして、上位にいけばいくほど、変化させることも難しいのです。何らかの行動をとることは容易にできますが、いきなり信念を変えるのは難しいのです。なぜなら、信念やアイデンティティーは人間にとって特に重要な部分なので、固く守られているからです。ですから、行動を積み重ねることにより少しずつ変化させていくという方法が現実的です。NLPには信念やアイデンティティーに直接アプローチする高度な方法もありますが、この本ではあくまでも基本を学んでいきます。

成功を導くモデリング

成功者になりたかったら、成功者のモデリングをする

- 信念のモデリング——成功者の信念をまねれば、成功の現実が手に入る。
- 行動のモデリング——成功者の行動（体験・経験）をまねれば、成功の信念が手に入る。

果物（成果）

テーブル（信念）

足（行動＝体験・経験）

好ましい行動が好ましい信念を創り出し、好ましい信念が好ましい現実を創り出す。

33 5W1Hの質問で相手の意識レベルを探り出す

　ニューロロジカルレベルを体系化したロバート・ディルツは、この意識の5段階と英語の主要な疑問詞が関係しているということを発見しました。ここでは、5つの質問を通してこの理論を深めていきます。

1 環境レベルは「where」と「when」

　まず「環境レベル」。環境は、私たちが何かを行うさいの外的な「機会」と「制約」を決定します。職種や会社も環境と考えます。私たちの多くは学校を卒業すると何らかの職種を選択し、特定の組織に就職しますが、そのことによっても「機会」を得「制約」を受けることになります。たとえば、一般の企業に就職するのと、教師になるのとでは、めぐり会う体験（機会）は異なるでしょう。企業でも研究職に就くことによってできる体験もあれば、させてもらえない体験（制約）もあるでしょう。

　そして、これらに対応する質問は、「where（どこで？）」と「when（いつ？）」と関係があると考えることができます。

2 行動レベルは「what」

　「行動レベル」は、ある特定の環境の中での行動や反応と関係があります。たとえば、同じ会社でも環境が違えば行う仕事も各人違います。つまり、「何をするのか（what）？」が違うと考えることができます。ある企業の研究部（環境where）と営業部（環境where）では、行動の対象としての仕事は違います。このように、各人が行う仕事内容は行動レベルと関係があり、そこでこれに対応する質問は「what（何を？）」と考えることができます。

3 能力レベルは「how」

「能力レベル」は、さまざまな環境に応じて、どのように行動するかを決定したり、より環境にふさわしい行動に変更したりすることと関係があります。たとえば、新入社員に対して「教育する」という行動をとっても、それを**どのように**行うかは、人によって違います。そこには、それを行う本人の志向や趣向、独創性が現れます。優しい上司と厳しい上司では部下に伝える内容が同じでも、伝え方は異なります。同じぐらいの熟練度でも異なった人物がピアノを弾いた場合、同じ曲を弾いても、まったく違った聞こえ方がするものです。能力の違いが、個性となって現れることもあります。そこで、これに対応する質問は、「how（どのように？）」と考えることができます。

4 信念・価値観レベルは「why」

「信念・価値観レベル」は、能力を強化したり、否定したりします。**このレベルは「動機（やる気）」と「制限」と関係がある**と、すでにお伝えしました。野球に関して好ましい信念や価値観をもっている人は、野球をするさいに、より高い能力を発揮しやすくなります。もし嫌いな場合は、逆に身体が重くなり、なかなか実力が発揮できなくなることもあるでしょう。信念や価値観は人間の深いレベルに存在するもので、表面的な現象の奥に隠れている原因に近いものです。そこで、信念・価値観を見つけ出す質問は、why（なぜ？）と考えることができます。

5 アイデンティティーレベルは「who」

「アイデンティティーレベル」は、すべての信念・価値観を自己に結びつけるものです。このことの意味を112ページでご紹介した犬恐怖症の事例を発展させつつ解説します。犬恐怖症の信念は、「犬＝危険だ」というシンプルな言葉で表現されます。幼いころに犬に嚙まれ

たり、追いかけられたりなど、犬に関する恐ろしい体験がこの信念を作り出します。もしかしたら、3歳くらいのときにドーベルマンなどの大きな犬に噛まれたのかもしれません。40ページでもご紹介しましたが、いったん「犬＝危険だ」という信念ができてしまえば、それ以後、小さなかわいい犬すらこわくて近づけなくなってしまう人もいます。人によっては、テレビで101匹ワンちゃんを見てもこわいということになります。

　このように、たった1回の体験が信念としてプログラミングされると、後は自動的にプログラムが起動します。24ページの「焦点化の原則」のページでも紹介しましたが、**人間は複雑なものをシンプルに単純化してプログラムを作るパターンをもっている**のです。**そして、この一般化の最たるものがアイデンティティーなのです。**

　それはなぜか？

　106ページでアイデンティティーは「私は〜」「あなたは〜」という表現になるとお伝えしました。実は、これは究極の一般化と言って差し支えないと思います。たとえば、「私は優秀だ」「私は女性にもてる」「私は仕事ができない」「私は頭が悪い」などなど……。

　しかし、このように、「私＝○○」と一般化して自分を規定することが本当にできるのでしょうか？　よくよく考えると、規定できないはずです。「私は優秀な部分もあるが、劣っている部分もある」「私は、得意な仕事もあるが、苦手な仕事もある」などのほうが真実に近いはずです。このように、アイデンティティーとは、自己イメージ全体を一般化した信念（思い込み）と考えることができます。そして、このアイデンティティーに関する質問は、自分や相手の存在そのもののイメージや在り方や役割を聞くもので、who（誰、どんな存在）という質問が当てはまります。アイデンティティーレベルの信念は強力で、私たちに大きな影響を与えます。130ページで、それを使った状態管理法をご紹介します。

5つの意識レベルに対応する疑問詞

ニューロロジカルレベルと疑問詞の重要な関係

アイデンティティーレベル	Who（誰）？	私はピアニストである	使命・役割
信念・価値観レベル	Why（なぜ）？	ピアノは人を豊かにする	動機・許可
能力レベル	How（どのように）？	ピアノで曲を弾く	行動の決定・変更（戦略・計画）
行動レベル	What（何を）？	ピアノの鍵盤を押す	行動・反応
環境レベル	When（いつ）？ Where（どこで）？	放課後、グランドピアノ・防音設備のある部屋	機会・制約

▼

もっとも強い影響力をもつ「アイデンティティー」。——それは、自己イメージ全体を単純化した信念と考えることができる。

34 部下をやる気にさせる効果的なほめ方・叱り方

　さて、102ページから119ページまでに、ニューロロジカルレベルの各レベルは英語の主要な疑問詞と関係しているとお伝えしました。
- 環境レベル⇒「where」と「when」
- 行動レベル⇒「what」
- 能力レベル⇒「how」
- 信念・価値観レベル⇒「why」
- アイデンティティーレベル⇒「who」

　ここでは、ニューロロジカルを使った効果的な「ほめ方・叱り方」を紹介します。

1 間違った言葉の使い方

　仮に読者の皆さんに部下がいたとします。そして、その部下に何らかの書類を500枚A3に拡大してコピーしてきてくれとお願いしたとします。しかし、その部下は間違えて、B4で500枚コピーしてしまったとします。しかも、B4ではまったく使うことができないので、やり直しということになります。この部下にどのようにフィードバックするかは人によって違うと思いますが、「なんておまえはバカなんだ！」と頭ごなしに言い放ってしまったり、「なぜそんなバカなことをしたんだ！」と険悪な雰囲気で尋問してしまったりするかもしれません。

　この事例を、ニューロロジカルレベルを使って考えていきたいと思います。

2 問題はどのレベルにあるのか？

　さて、この事例で、この社員は、ニューロロジカルレベルで考えると、どのレベルがまずかったのでしょうか？　そして、先ほどの例である「なんておまえはバカなんだ！」と「なぜそんなバカなことをしたんだ！」は、どのレベルを叱ったことになるのでしょうか？

　まず、最初の質問について。社員がまずかったのは、「行動レベル」あるいは「能力レベル」と考えることができると思います。

　ですから、「What（行動）」を使って、「何（What）が悪かったんだい？」と聴いてあげたり。「how（能力）」を使って、「どのようにすればよかったんだい？」と聴いてあげるのが適切だと思います。

　しかし、2つめの質問にあるように、「なんておまえはバカなんだ！」とフィードバックしたら、どのレベルにどのような影響を与えることになるのでしょうか？

　「おまえ（あなた）＝バカ」というふうにアイデンティティーを決めつけてしまうと、人間の深い部分を傷つけてしまうことになります。否定的なセルフイメージを植えつけてしまうことになるかもしれません。アイデンティティーそのものが否定されると心理的に痛みを感じてしまうので、その場から逃げ出したくなります。28ページで「快・痛みの原則」をご紹介したように、人間は痛みを避けるプログラムを持っています。また、「なぜそんなバカなことをしたんだ！」も、同じように深い部分を傷つける結果となります。「why（なぜ）」は、原因や理由といった意識の深い部分につながる質問で、大切な部分を詰問されていると部下は感じるでしょう。そうすると、部下からは言いわけしか出てこなくなる可能性があり、そこには肯定的な変化は生まれません。

3 失敗した人にかける適切な言葉は？

　それに対して、「What（行動）」を使って「何が悪かったんだい？」

と聴いてあげたり、「how（能力）」を使って「どのようにすればよかったんだい？」と聴いてあげると、自分の在り方（アイデンティティー）や、大切な信念や価値観といった深く大切な部分が責められているのではなく、行動や能力の使い方といった自分の中のどちらかというと表面的な部分が適切でないだけだと感じられるでしょう。そして、大事な部分が安全だからこそ、素直に「何が悪かったのだろう？」「どのようにすればよかったんだろう？」と客観的に自分の行動を振り返ることができるのです。つまり、**「失敗＝自分」や「自分＝ダメ」のように一般化してとらえてしまうのではなく、「自分」と「間違った行動」を切り離して冷静に考えることができる**のです。そして、このように心理的にダメージがない場合に、適切に私たちは失敗から学ぶことができるのです。

　コミュニケーションは言葉で行われますが、仮に上司が正しいことを言ったとしても、部下がその言葉を受け入れなかったとすれば、部下に効果的な影響を与えることは難しいと思います。コミュニケーションの目的は、お互いが良い関係を築き、生産性を高めたり、豊かさを実感することだと思います。そのためにも、本来は行動レベルをフィードバックしなければならないことを、アイデンティティーレベルに結びつけて人間性そのものを傷つけてはうまくいきません。

4　効果的なほめ方

　逆に、ささいな「行動」でも、それをアイデンティティーに結びつけてほめることもできます。コピーをとってきてくれた部下に対して、「～さんは本当に気が利くね（あなた＝気が利く）」などと、存在そのものを承認してあげることもできるのです。

　このように、私たちは言葉のレベルを知らないだけで、知らず知らずのうちに（無意識に）相手の深い部分を承認したり、傷つけたりしているかもしれないのです。ニューロロジカルレベルをふだんから意識し、意識的に適切な言葉を使っていただきたいと思います。

5つのレベルに応じたほめ方・叱り方

効果的なほめ方・叱り方

「なんておまえはバカなんだ！」
「なぜそんなバカなことをしたんだ！」

（ピラミッド上部：アイデンティティー／信念・価値観）

→ 深い部分を傷つけることになり、前向きな変化は望みにくい。

「どうすればよかったんだい？」
「何が悪かったんだい？」

（ピラミッド下部：能力／行動／環境）

→ 「自分」と「間違った行動」を切り離して、冷静に考えられる。心理的にダメージが少ない。

「○○さんは本当に気が利くね。」
↑
部下がコピーを取ってきてくれた。

（ピラミッド：アイデンティティー／信念・価値観／能力／行動／環境）

→ 存在そのものを承認してあげることができる。

ニューロロジカルレベルをふだんから意識することで、より良いコミュニケーションを築くことができる！

35 効果的な叱り方の事例

　それでは、120ページでご説明した「効果的なほめ方・叱り方」の現場での応用例をご紹介します。

　今から20年以上も前に『1分間マネージャー〜』(1983年出版、K. ブランチャード、S. ジョンソン著。小林薫訳。ダイヤモンド社) という本が出版され、話題を呼びました。この本のストーリーは、ある頭の切れる青年が優秀なマネージャーを捜す旅に出る、そしてきわめて優秀でユニークなマネージャーに出会い、たった1分間で効果的にマネジメントする手法を学んでいくという物語です。彼は1分間でみごとに部下に目標を示したり、賞賛したり、叱ったりしてしまうので、本の題名のとおり「1分間マネージャー」と呼ばれていました。そして、この本の中に「1分間叱責法」というものがありました。ニューロジカルレベルを学んだ後、この「1分間叱責法」こそ「効果的な叱り方」の実践的事例だと実感しました。

1 効果的な叱り方の実例

　ストーリーの中盤で、ブラウンというベテランの女性と会います。彼女が彼に「1分間叱責法」を説明しました。以下、引用です。

　「『まず第一に、普通、彼が叱責するのは、わたしが何かまちがいを犯したそのすぐ後よ。

　第二の点は、わたしのまちがいを正確に具体的に教えてくれるので、彼は"何もかもよく承知"しているのだ、と自分も思い、いいかげんなことで逃れようとは考えないわ。

　第三に、**上司が責めるのは、人間としてのわたしではなく、わたしの行動だけなので、むきになって自己弁護をする必要がないのよ**。責任を上司

や他の人に転嫁して、自分のミスを正当化しようなんて考えなくてもいいわけ。上司が公平なことは知っているんですもの。そして第四は、彼のやることは一貫しているということね』」(『1分間マネージャー』68ページ)。

以上のように、ブラウンさんは青年に説明しました。その中でも、ここでは、ニューロロジカルレベルという観点から第三の要素に注目してみたいと思います。

2 行動だけを責める

もう一度、第三の要素を見てみましょう。

「第三に、上司が責めるのは、人間としてのわたしではなく、わたしの行動だけなので、むきになって自己弁護をする必要がないのよ。」

1分間マネージャーは部下がまちがいをした場合、決してその人間性、つまり「アイデンティティー」のレベルは責めずに、「行動」のレベルを責める、つまり「何がいけなかったのか（what）」、いけなかった行動を責めるのです。**「アイデンティティー」レベルの承認を示す以外にも**、1分間マネージャーは、部下の肩に手をかけたり、部下の目をじっと見つめたりして、**その部下がいかに優秀か自分は知っているということをわからせようとします**。そして、その部下に関心があり、二度と同じミスを犯してほしくないという気持ちを伝えるのです。これは「行動」レベルより上位概念である「能力」レベルの承認を示していることになるのです。ニューロロジカルレベルでいう上位概念の承認を示しておき、悪かった部分、つまり下位概念のフィードバックをすることで、部下はより自発的に自分のまちがいを改めようとするのです。

ブラウンさんは続けます。

「『…そして、叱られるのは、それが終わったときが、文字どおり終わりなの。＜1分間の叱責＞は時間こそ短いけど、その効き目は保証できるわね。忘れませんからね。そして二度と同じミスは犯さないですもの。』(『1分間マネージャー』69ページ)」

たった1分間のコミュニケーションです。しかも、部下を罵倒するわけでも、殴るわけでもありません。しかし、部下は忘れませんし、マネージャーも気分を悪くしているわけでもありません。

部下が何かまちがいを犯したとき、「行動」レベルや「能力」レベルの問題をついつい一般化して、上位概念である「信念・価値観」レベルや「アイデンティティー」レベルまでまちがいであると伝えてしまう例は、あなたの周りでも少なくはないかもしれません。そうすることで、多くの部下の能力やひいてはあなたの能力までムダにしてしまう可能性があるのです。

3 気分のよい部下は、よい成果を生む

この物語の最初で、主人公の青年が1分間マネージャーに出会うシーンがあります。そこで、1分間マネージャーの座右の銘を目にします。

「**気分のよい部下は、よい成果を生む。**」これは既に70ページでご紹介しました。動機は気持ちであり、なんらかの感覚なのだとお伝えしました。さらに、78ページでは、質問が部下の焦点を作り出すとお伝えしました。部下が失敗したときに「なぜ失敗したのだ？」と原因を追究したら、部下は意気消沈してしまうかもしれません。そうなると、能力を発揮しにくくなるでしょう。失敗した部下に前向きな気持ちをもたせることができたら、その部下はよい成果を生むのです。そのポイントは、125ページでも書きましたが、部下のアイデンティティーを承認したうえで、行動を責める、**つまり失敗と人格を分離するのです。なかなか立ち直れない人は、「自分＝失敗者」と一般化しています。**

このように、効果的な叱り方を学び実践する（「行動」レベル）ことは大切なことです。しかし、この1分間マネージャーの座右の銘のように、部下または周囲の人に対してどのような「信念・価値観」をもって彼らに接するかはもっと大切なことだと思います。

効果的な叱り方は？

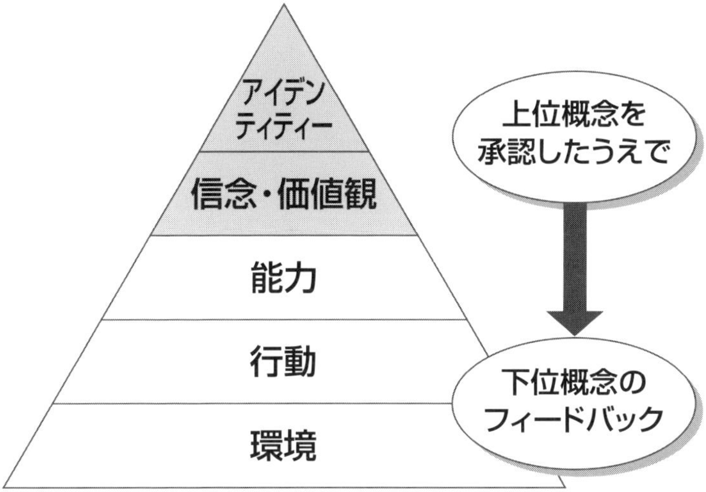
アイデン
ティティー
信念・価値観
能力
行動
環境
上位概念を
承認したうえで
下位概念の
フィードバック

- 人間の深いレベルに「安全・安心欲求」がある。ニューロロジカルレベルでは、上位概念のほうが重要で影響が強い。
- 「安全・安心」を確保するために、無意識はより大事な部分を強力に保護するため、「アイデンティティー」や「信念・価値観」を守ろうとする。だから、人間は信念・価値観・アイデンティティーが否定されることに強い抵抗を感じる。そして、これは無意識レベルのプログラムなので、意識でコントロールするのは容易ではない。
- 逆に、上位概念が承認されていたら人間は安全・安心を感じるので、素直に行動（下位概念）を改めることができる。

36 役割（立場）が能力を決定する

　ニューロロジカルレベルでは、アイデンティティーがピラミッドの頂点にきます。アイデンティティーは簡単に言うと「セルフイメージ（自己イメージ）」ですとお伝えしましたが、このセルフイメージが残りのすべてのレベルに大きな影響を与えます。ただし、アイデンティティーは1つしかないわけではありません。どんな人にもたくさんのアイデンティティーがあるのです。

1 人間の中には複数以上のアイデンティティーがある

　たとえば、ある女性が結婚していて、お子さんがいるとします。そうすると、その人のアイデンティティー（立場・役割）は母親です。また、この女性にも母親や父親がいるはずです。この女性は母親であると同時に、娘でもありますので、娘としてのアイデンティティーもあることになります。また、この人が仮に学校の先生をしているとしたら、同時に教師としてのアイデンティティーもあるでしょう。

2 アイデンティティーは同時に複数以上選択できない

　しかし、同時にすべてのアイデンティティーを体験できるわけではありません。なぜなら、24ページの「焦点化の原則」が当てはまるからです。つまり、意識の座は1つしかないから、同時に2つのアイデンティティーを体験することはできないのです。この女性もふだん自分の子供の前では毅然と母親らしくしているかもしれませんが、母親と二人きりでいるときは、大人になっても子ども（娘）のように母親に甘えることがあるのです。読者の中にも、「息子の立場」と「親としての立場」を行ったり来たりしている人もいるかと思います。

複数のアイデンティティー

アイデンティティー
＝セルフイメージは複数

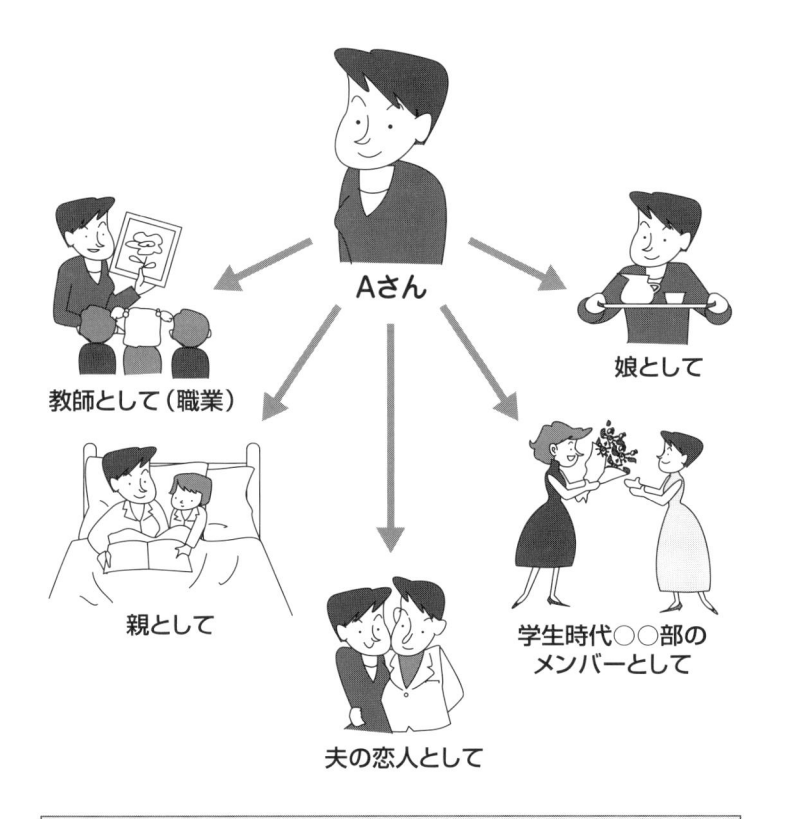

Aさん

教師として（職業）

娘として

親として

夫の恋人として

学生時代○○部の
メンバーとして

人間は複数のアイデンティティーを
もつが、同時に1つしか選択できない。

37 セールスで成功するアイデンティティーとは？

　128ページでは、ある女性の例を出して、その人は「母親」であり、「娘」でもあるとお伝えしました。では、この人は、「母親の立場」のときと「娘の立場」のときと、まったく同じ性格なのでしょうか？
　母親の立場と娘の立場では、性格などは違ってくると思います。母親のときは毅然としているかもしれませんが、娘の立場のときは甘えん坊かもしれないのです。また、この人は教師でもあります。そして、教師の立場に立っているときは、また違った性格を表現しているでしょう。このように、立場（アイデンティティー）はその人の在り方に影響を与えますが、同時にアイデンティティーの下位概念の「信念・価値観レベル」にも影響を与えると考えることができます。

1 アイデンティティーが価値観に影響を与える

　「母親としてのアイデンティティー」に立っているときと、「娘としてのアイデンティティー」に立っているときとでは、価値観なども変わってくると考えることができます。

　以前、私にも祖母がいました。祖母は孫である私にものすごく優しかったのですが、息子である父にはひじょうに厳しかったようです。なぜこのような差が出たのかを祖母の友人が祖母に聞いたところ、子どもには母親としてしっかり育てる責任があるから、厳しくしてしまう。しかし、孫に対しては責任はあまりないのでただかわいがることができると、その違いを説明していました。つまり、立場（アイデンティティー）が変わることによって価値観が変化したと考えることができます。

　では、ここで、アイデンティティーを私たちの日常にどのように活かすことができるのかを考えてみたいと思います。

2 アイデンティティーが実力を決定する

　以前、私は、セールスパーソンを長く経験しました。セールスパーソンになりたてのころは、さっぱり商品を売ることができませんでした。しかし、3年経ったころから、見違えるように売上を伸ばすことができたのです。なぜ、売上を伸ばすことができたのか？　その当時はわかりませんでしたが、今ではアイデンティティーと関係があったのだと断言できます。

　セールスパーソンとして駆け出しのころ、私は自分のことを「売る人」だと思っていました。つまり、「売る人」というアイデンティティーで仕事をしていたということになります。そして、何年か経ってうまくいくようになったとき、私は「クライアントのパートナー」だと思うようになっていたのです。

　どちらのアイデンティティーのほうがうまくいくのかは、言うまでもないと思います。なぜなら、買ってもらえるのはクライアントです。ならば、「クライアントがどんな存在を求めているのか」が大切ということになります。クライアントは「買わされたい」と思っているのではなく、誰かに相談して助けてほしいと思っているのです。

3 うまくいかないアイデンティティーを選択した場合

　「売る人」というアイデンティティーで仕事をしていたころ、「どうすればクライアントに買ってもらえるのか？」ということばかり考えていました。しかし、そんなことばかり考えていると、ついクロージングが強引になったりして、敬遠されてしまうことが多くありました。また、私自身とても卑屈になっていました。なぜなら、立場は対等ではなく、クライアントに買ってもらうという姿勢だったからです。そして、このころ、自分があまり好きではありませんでした。「とにかく売らなければならない、どうすれば買ってもらえるのか」という義務感に焦点が当たっていました。時にはクライアントにとって、メリ

ットが少ない商品でも売ろうとしていたりして、誠実ではないと感じていたのです。このように、自分が本来思っていることではないことをしていると、心を込めて販売することはできないので、いつも躊躇していました。これではうまくいきません。

4 適切なアイデンティティーを選択する

　その後、高い売上を残せるようになりましたが、その大きな要因の1つはアイデンティティーの変化だと言えます。先ほども書きましたが、知らず知らずのうちに、「何かを売る人」というアイデンティティーではなく、「クライアントのパートナー」という アイデンティティー をもつようになっていたのです。

　「クライアントのパートナー」というアイデンティティーをもちはじめた私は、 信念・価値観レベル で「クライアントに喜んでもらう」や「クライアントの問題を解決する」ことを大切にしていました。そのような信念・価値観を大切にしている私は、「クライアントの本音や困っていること」を聴き出す 能力 を発揮しました。クライアントと接する姿勢は、クライアントにとっての良い聞き手であり、話を聴くという 行動 に徹していたことになります。結果として、クライアントとの間には、強い信頼関係（ラポール）ができていたのです。

　人は誰かに買わされたいとは思ってはいません。しかし、クライアントも、さまざまな課題を抱えていて困っているので、誰かに相談したいと思っているはずです。それがわかったら、どんな立場（アイデンティティー）で相手の前へ立てばよいかが見えてくるはずです。そして、意識の深い部分にあるアイデンティティーを状況にふさわしいようにシフトさせると、「信念・価値観」「能力」「行動」といった他のレベルもそれに応じて変化していくのです。

　このように、ビジネスなどの日常のシーンで、それぞれの状況に合わせた立場（アイデンティティ）を選択することこそ、最高の能力発揮のポイント とも言えるのです。

アイデンティティーの価値観、能力・行動への影響

アイデンティティーが価値観に影響を与える。

教師（職業）
例
「明確な答えをもっていなければならない」「多くの異なる生徒を理解してあげないといけない（多様性）」など

娘
例
「親の言うことに従うのが良い娘である（従順さ）」「何でも話し合えるのが良い関係である（正直さ）」など

親
例
「わが子に最高の模範を示さないといけない」「たっぷりと特別な愛情を与えてやるのはいい親である」など

アイデンティティーが能力・行動をも決定している。

●セールスマンの場合

アイデンティティー
私は「売る人」である。

【自分】
卑屈になる。強引なセールスになる。

【クライアント】
買わされると思い警戒。強引なので敬遠する。

アイデンティティー
私は「クライアントのパートナー」である。

【自分】
相手の問題を解決する。相手がどんな存在を求めているのかを知る。

【クライアント】
相談したい。助けてほしい。

> 相手の本音や困っていることを聴き出す能力を発揮し、信頼関係の構築に成功！

●会社経営者の場合

アイデンティティー
私は「先頭に立って部下を引っ張る存在」である。

【自分】
部下に指示を逐一出す。すべて自分で計画・判断をするため、仕事量が多い。

【部下】
上司の指示を待つ。自分で考えない。

アイデンティティー
私は「部下の自発性を育てる存在」である。

【自分】
部下に考える機会を与える。部下を信頼して仕事を任せる。

【部下】
自分で考える。信頼や期待に応えようと仕事に取り組む。

> 部下を信頼し、自発性を伸ばすという行動を心がけ、自発性のある人材育成に成功！

第3章
コミュニケーションでリーダーシップを発揮する絶対条件

38 人はどんなセールスパーソンから買うのか？

　コミュニケーションの土台はラポール（信頼関係）であることは言うまでもありません。では、私たちは<u>どんな人と信頼関係ができるのでしょう？</u>　これを私の体験談を通してお伝えします。

　私は以前セールスの仕事をしていました。セールスの仕事を経験されていない方も、セールスパーソンから何かを買ったという経験はあると思います。そして、「どんな人と信頼関係ができるのか？」という問いに対する答えは、「<u>どんなセールスパーソンから人間は買う傾向があるか？</u>」と関係があるのです。

　たとえば、熱心に話を聴く店員や親身になって最善の提案をするセールスパーソンから買うという方もいるかもしれません。さまざまなケースが考えられますが、ここでは私の体験をご紹介します。

　以前、丸井という洋服専門の百貨店に行ったことがあります。そのとき、時間つぶしのために立ち寄っただけで、そんなに洋服を買うつもりはなかったのですが、店員さんと会話をしているうちに、シャツやズボンなどたくさんのものを購入した経験があります。私は関西出身ですから、ふだんは関西弁で話すことが多いです。そして、その店員さんにも関西弁で話しかけたところ「関西出身ですか？」と言われ、実はその人も関西出身で、しかも育ったところが自転車で数分という距離だったのです。正直驚きましたが、話しているうちにローカルな話題で盛り上がり、この人から買ってあげたいという気持ちを感じたのです。なぜなら、「<u>親近感（自分から近いと感じる）</u>」を感じたからです。

　実は、ここに信頼関係を作る秘訣が含まれているのです。

1 「親近感」がラポール（信頼関係）を作る

さきほど、「<u>どんなセールスパーソンから人間は買う傾向があるか？</u>」という問いかけをしました。答えは、好感をもてる人から買います。人間は嫌いなタイプの人からは買いたがりません。では、人間はどんなタイプの人に好感を感じるのでしょうか？

その答えは、「<u>親近感</u>」と関係があるのです。私たち人間は「親近感を感じる（自分から近いと感じる）」人と「ラポール（信頼関係）」ができるのです。そして、この「ラポール」はカウンセリングにおいて、カウンセラーとクライアントとの間に必要な親和的関係を示しますが、実はカウンセリングにおいてだけ必要なのではなく、あらゆるコミュニケーションにおいてもとても大切なことなのです。

ものすごく商品知識が豊富だが、すごく偉そうな言い方をするセールスパーソンよりも、一生懸命あなたのためを思って<u>あなたに合わせて</u>、誠実に話を聴いてくれるセールスパーソンと一緒にいるときのほうが「<u>親近感</u>」を感じるでしょう。70ページで「気持ち（動機など）」の重要性をお伝えしましたが、セールスのみならずあらゆるコミュニケーションで相手に「好感」をもってもらえたら良いコミュニケーションができるということは言うまでもありません。

2 人間は「親近感」を感じる人に「安心感」を感じる

そして、コミュニケーションをとる相手に「親近感」を感じていたら、なんとなくその人と一緒にいて居心地が良かったり、「安心感」を感じたりします。29ページで解説したとおり、<u>人間は深い部分では強く「安全・安心」を求めています</u>。これは人間の根本的なプログラムですので、逆らうことはできません。

3 人間は深い部分で「安心感」を求めている

では、人間はどのような人に対して「安心感（安全・安心）」を感

じるのか？　答えはズバリ「近い」と感じる人に対してなのです。

　その理由を順を追って説明します。ここで言う「近い」とは、「実際の距離」と「心理的距離」の両方を含みます。単純に考えて、家族など自分がよく知っている人と一緒にいて身構える人は少ないでしょう。いつも食べている料理を食べるときや、いつもの散歩道を歩いていて緊張することはないと思います。また、価値観が似ている人と話していたら、気が合うでしょう。大人になってから、同郷の人や、出身高校が同じ人に出会ったら、好感をもつでしょう。これらのことは身近で近いと感じているはずです。このように、「実際の距離」や「心理的距離」が近いと感じる人やものに関しては、親近感を感じる（自分から近いと感じる）のです。そして、親近感を感じているとき、人間はリラックスして心を開いている状態になります。

4 遠いと感じる人には心を閉じる

　逆に、日本とはずいぶん風習の異なった国に初めて行ったときに緊張したという人は多いでしょう。日本とはまったく価値観が違う国の外国人と話しているときや、自分とはまったく違うタイプの人と出会ったときに、その人と距離（心理的距離）が遠く感じられたという人もいるでしょう。外国の料理でまったくなじみのないものを食べるのは嫌だという人も多いと思います。このように、身近でないものを食べたり、距離を感じる人と話しているときに、多くの人は緊張します。緊張している状態は、心拍数が高く呼吸が速く俊敏に動くことのできる状態、つまり臨戦状態なのです。戦う状態ですから受け入れる状態ではなく、壁を作っている状態であり閉じている状態です。このような状態では、深く相手の言葉を受け入れることはできません。

　このように、本能的に「安心」を求めている人間は「近い」と感じる人やものを求めており、したがってラポール（信頼関係）を作るさいに「親近感」を感じることがとても大切なのです。

「親近感」が「ラポール」を生む関係

親近感がラポール（信頼関係）を作る

ラポール（信頼関係）は、カウンセリングだけでなく、あらゆるコミュニケーションにおいてひじょうに重要。

> どちらのセールスパーソンに親近感を感じるか？

経験は豊富だが、偉そうな言い方をする人

経験は少ないが、一生懸命話してくれる人

「親近感」を感じる人に対して、「安心感」を感じる。

⬇

人間はもっとも深い部分で、生存欲求である「安心感（安全・安心）」を求めている。

⬇

人間は「近い」と感じるとき、「安心感（安全・安心）」を感じる。

⬇

だから、親近感をもてる人とラポール（信頼関係）ができる。

39 コミュニケーションの大前提はラポール（信頼関係）

　138ページで「親近感を感じているとき、人間はリラックスして**心を開いている状態になる**」とお伝えしました。その理由として、「近い」と感じる人や環境に「安全・安心」を感じるからだと解説しました。

　そして、**人間は親近感を感じる相手とラポールを作る**と述べました。

1 伝わる言葉、伝わらない言葉

　コミュニケーションはほとんどの場合、言葉を通して行われます。しかし、**言葉が伝わる場合と伝わらない場合**があるのです。そのカギは「ラポール（信頼関係）」にあります。

　もし「ラポール」がなければ、その人の言っている**言葉（話の内容）は耳で聞こえていても、安心して受け入れにくくなります**。受け入れられない言葉が、影響を与えることはないでしょう。たとえば、何らかの講演を聴いて「理路整然と正しいことを言っているのは頭ではわかるけど、なんか、この人が言うことは腑に落ちない（受け入れられない）」という体験をした方もいるかと思います。つまり、誰かを疑っているかぎり（ラポールがない状態）その人の言葉は聞こえていても、あなたに伝わらないのです。**相手の深い部分に言葉を伝えるには、相手に心を開いてもらって、受け入れてもらう必要があるのです**。

2 言葉を受け入れてもらうにはラポールが必要

　以上のような理由で、言葉によるコミュニケーションを行う以前に、相手が言葉を受け入れてもらえる状態を作る必要があり、だからこそコミュニケーションの大前提として「ラポール」が必要なのです。

第3章　コミュニケーションでリーダーシップを発揮する絶対条件

相手に言葉を受け入れてもらうには？

伝わる言葉・伝わらない言葉

＝

言葉（話の内容）は耳で聞こえていても、安心して心に受け入れることは難しい。

理路整然と正しいことを言っているのは頭ではわかるけど、なんか、この人が言うことは腑に落ちない（受け入れられない）なぁ…

コミュニケーションは相手に言葉を受け取ってもらえて初めて価値をもつ。

▼

言葉を受け入れてもらうには、ラポール（信頼関係）が必要。
ラポールは大前提。

40 なぜ相手に合わせることが重要なのか？

　140ページで、コミュニケーションは「ラポール（信頼関係）」がなければ伝わりにくいとお伝えしました。ここでは、「ラポール」作りの本質をお伝えします。

1 ラポール（信頼関係）を作るポイント

　ラポールを作るポイントは、実はすごく単純なのです。
　それは「相手に合わせる」ことです。
　なぜか？　その理由は、29ページで説明したことと関係があります。
　人間は、生存本能があるため、深い部分では「安全・安心」を求めているとお伝えしました。そして、「近い」と感じる人や環境に「安心感」を感じるのでした。
　ここでいう「近い」とは、「心理的距離」「実際の空間的距離」どちらでもかまわないと書きました。だからこそ、「近い」と感じる人に「親近感」を感じ、「親近感」を感じているときに「安心感」を感じて、自然と心を開き、相手の言葉を受け入れやすくなるのです。

2 ラポール（信頼関係）を作るポイントは合わせること

　ですから、あなたが相手に合わせると相手は近いと感じ（親近感を感じる）、その結果として安心感を感じ、相手に心を開いていただけるのです。そして、心を開いてくれるから、あなたの言葉は相手の深い部分に伝わるのです。これがあなたと相手との間のラポール（信頼関係）の正体です。特に価値観など、相手が大切に思っていることに合わせる（受け入れる）ことができれば、強力なラポールができるでしょう。

ラポール（信頼関係）作りのポイント

ラポール（信頼関係）を作るポイント

＝

相手に合わせること

↓

人間は生存本能があるため、深い部分では「安心感（安全・安心）」を求めている。

↓

「（心理的または空間的に）近い」と感じる人や環境に、「安心感」を感じる。

↓

「安心感」を感じると、心を開き、言葉を受け入れやすくなる。

↓

相手（相手の価値観など）に「近づける」、つまり「合わせる」ことが、ラポール作りのポイント。

41 相手に合わせられることを見つけていく（ペーシング）

1 相手に合わせるのはペーシング

142ページで、コミュニケーションの大前提は「ラポール」で、「ラポール」を作るポイントは「相手に合わせる」ことだとお伝えしました。「相手に合わせること」をコミュニケーション用語で「ペーシング」といいます。しかし、このペーシングは特別なことではなく、人間であればふだんの日常生活で自然と行っていることなのです。

2 合わせられるところを見つけて合わせていく

たとえば、セールスパーソンが初対面の人に商談をするときに、いきなり商品の説明から始めるでしょうか？　多くの場合は、ちょっとした世間話から始めると思います。セールスパーソンは、商品説明前にクライアントがどんな人なのかを知ろうと、いくつかの質問をすることがあります。たとえば、「どちらからいらっしゃったのですか？」「どんなお仕事をされているのですか？」などです。そして、セールスパーソンはそれらの答えを聴きながら、できるかぎりクライアントの話に合わせて話しているはずです（ペーシング）。また、読者の皆さんも、一度くらいは幼い子どもに話しかけたことがあると思います。そのときに、どんな姿勢で、どんな言葉を使って、どんなスピードで話したのでしょうか？　しゃがんで、目線を合わせて、幼児が使うようなかわいらしい言葉を使って、ゆっくりと話したと思います。

人間は相手と良いコミュニケーションをとろうと思ったら、誰から教わることなく自然と「ペーシング」しているのです。そして、その結果として「ラポール」ができているのです。

ペーシングの方法

「ペーシング」＝「相手に合わせること」

ペーシングは特別なことではなく、人間であればふだんの日常生活で自然と行っていること。

➡ **合わせられるところを見つけて、合わせていく。**

＝

良いコミュニケーションをとろうと思えば、自然と「ペーシング」している。その結果として、「ラポール」ができている。

42 コミュニケーションとは話した言葉以上のもの

　この本では、「意識」と「無意識」の性質について、かなりのページを使って紹介してきました。そして、コミュニケーションにおいても、「意識レベルのコミュニケーション」と「無意識レベルのコミュニケーション」があります。たった今「意識レベルのコミュニケーション」と述べましたが、私たちが誰かとコミュニケーションをとるときに、何に「意識」を向けているのでしょうか？

① 意識レベルのコミュニケーションの代表は言葉

　おそらく、多くの人は、コミュニケーションをとるときに、「伝える内容」について考えながら話していると思います。そして、「伝える内容」を平たく説明すると、「言葉」ということになります。つまり、大変おおざっぱに言うと、コミュニケーションをとるときに主に意識していることは「伝える内容＝言葉」ということになると思います。

　これは話を聞く側にとっても、おおむね当てはまります。誰かの話を聴くとき、相手の身ぶり手ぶりは目に入っているでしょう。しかし、話を聴くときに、身ぶり手ぶりというより、相手が何を言っているかに焦点を当てて聴いていると思います。

　つまり、私たちは誰かとコミュニケーションをとるとき、意識を相手が話す内容（言葉）に向けている場合が多いのです。

② 無意識レベルはジェスチャーと話し方

　では、誰かとコミュニケーションをとるときに、あまり意識できていないか、あるいはまったく意識できていないが、相手に影響を与え

ているものは何でしょう？

　その1つは、あなたの「ジェスチャー」です。他には、あなたの「話し方」、つまり「声のトーン」や「声のスピード」などがあります。たとえば、感動的な体験をして、どうしてもそれを誰かに伝えたいと思ったとき、無意識に身を乗り出して、「身ぶり手ぶり（ジェスチャー）」を加えながら話してしまったという体験をもっている方もいるでしょう。そして、そのように話しているとき、どんな「話し方」になっているのでしょう。おそらく、早口で大きな声で話しているでしょう。しかし、意図的に早口で大きな声で話そうとしているというよりは、無意識にそうなっているというほうが正しいでしょう。もちろん、意図的に「ジェスチャー」や「話し方」をコントロールする場合もありますが、基本的には無意識レベルに属すると考えられます。

　そして、「ジェスチャー」や「話し方」などは、あなたの「雰囲気」を作り出しているのです。コミュニケーターが作り出している「雰囲気」が、コミュニケーションに多大な影響を与えているのです。

3　メラビアンの法則

　149ページに、「メラビアンの法則」という理論を紹介しています。

　これは、アメリカ人メラビアンが発見したコミュニケーションの理論で、この理論によると、対面のコミュニケーションにおいて、「言葉」の影響は7％にすぎず、「話し方（声のトーンや話すスピード等）」は38％、「ジェスチャー（ここにコミュニケーターの服装なども含みます）」は実に55％を占めるそうです。

　「コミュニケーション」は情報を伝達し、相手に何らかの影響を与えますが、このように、実際には話す内容（言葉）よりも、無意識に行ってしまっている部分「ジェスチャー・話し方（無意識レベルのコミュニケーション）」のほうが影響力がある、というデータがあるのです。

研修などで、この「メラビアンの法則」を説明するさいに、受講生にある実習を体験してもらうことがあります。それは、一人の受講生に前へ出てきてもらい、全員に対して、実際に過去に体験した平凡なできごとを、できるかぎり情熱的に、身ぶり手ぶりを加えながら、エネルギーの高い声で話してもらいます。次に、まったく同じ人に今度はかつて体験したひじょうに感動的な体験を、冷静に客観的に、身ぶり手ぶりなしに話してもらいます。そして、「どちらの話のほうがインパクトがありましたか？」と受講生に尋ねると、ほとんどの人は「平凡な話」のほうに手を挙げます。内容的には、感動的な話のほうがインパクトがあるはずなのですが、「ジェスチャー」や「話し方」によって、伝わり方がまったく違ったものになるのです。

　このように、「無意識レベルのコミュニケーション」である「ジェスチャー」と「話し方」を工夫することによって、同じ話の内容でも、格段にインパクトのある伝え方ができるのです。私もこれまでたくさんの講演を聴いてきましたが、特に印象に残っている講演の中には、プレゼンテーターが言っていた「内容（言葉）」は忘れてしまったけど、その人のかもし出す圧倒的なインパクトや「雰囲気」だけは忘れられない、という例がたくさんあります。

4 人間は「無意識レベル」に強い影響を受ける

　既に125ページで、効果的な無意識（非言語）レベルのコミュニケーションの事例を掲載しています。

　「1分間マネージャーは、部下の肩に手をかけたり、部下の目をじっと見つめたりして、その部下がいかに優秀か自分は知っているということをわからせようとします～」

　147ページで「コミュニケーターの雰囲気が多大な影響を与えている」と書きましたが、おわかりいただけたかと思います。このように、人間は「無意識レベル」に強い影響を受けるのです。

意識レベルと無意識レベルのコミュニケーション

- 意識レベルのコミュニケーション
  ＝代表例は「言葉」
- 無意識レベルのコミュニケーション
  ＝代表例は「ジェスチャー」と「話し方」

▼

メラビアンの法則

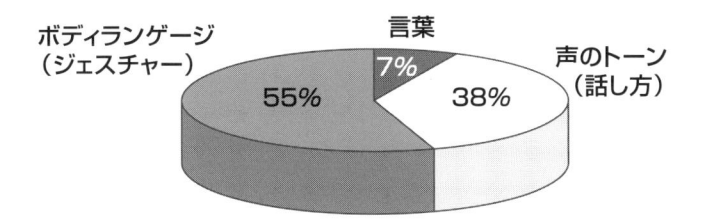

ボディランゲージ（ジェスチャー） 55%
言葉 7%
声のトーン（話し方） 38%

- アメリカの心理学者メラビアンによる実験から出された法則。
- 人と人が初対面で、直接顔を合わせるコミュニケーションにおいて、印象を決める要素を分析した。3つの要素（言葉・声のトーン・ボディランゲージ）の各要素それぞれが、どれだけ印象を決めるのか。
- 結果は、言葉が7％、声のトーン・話し方が38％、ボディランゲージ55％となった。
- 効果的なコミュニケーションのためには、三要素が一致しないといけない。

※この実験は、「感情を伝える」コミュニケーションで行われた。事実の伝達や要望のためのコミュニケーションではない。

43 強力な信頼関係を作るポイント

148ページで、コミュニケーションでも「無意識レベル」が大きな影響を与えるとお伝えしました。そして、「ラポール」も、NLPでは「無意識レベル」で築くことが大切だと考えます。

1 無意識レベルのラポール

ラポールを作るポイントは、相手に合わせること（ペーシング）だとすでにお伝えしました。そして、144ページでは、「合わせられるところを見つけて合わせる」とお伝えしましたが、**より深くラポールを作るには、コミュニケーションをとる相手の「無意識レベル」の反応に合わせていく（ペーシング）必要がある**のです。

2 無意識レベルの反応とは

では、無意識的な反応はどのようなものでしょうか？　簡潔に言うと、「意識せずに行ってしまっていること」ということになります。たとえば、**「呼吸」「姿勢」「話すスピード」**などがあります。そして、**実はこれらが合っている人と一緒にいると、居心地がよいと感じる**ものなのです。

少し想像してみてください。コミュニケーションにおいて、片方の人が速く呼吸しながら、早口で話しています。そして、もう片方の人はおなかのあたりで、ゆっくりと呼吸しながら、ゆっくりとしたペースで話を聞き、ゆっくりと返答しています。この例は極論かもしれませんが、この二人はあまりにもペースが違うので、お互いに合っていないと感じると思います。逆に、ペースが同じなら、自分のスピードで、つまり自然体で会話ができるので、心地よいと感じるのです。

ラポールを無意識レベルで築くポイント

ラポールも無意識レベルで築くことが大切

より深くラポールを作るには、コミュニケーションをとる相手の「無意識レベル」の反応に合わせていく（ペーシング）必要がある。

> 人間の本能は深い無意識レベルにあるため、無意識でペーシングするとより安全・安心をおぼえ、より近い存在と感じる。

無意識の部分
=「意識せずに行ってしまっていること」
➡「呼吸」「姿勢」「話すスピード」など

これらが合っている人といると、心地よく感じる

```
呼吸が浅く、話すスピードが速いAさんに対して
```

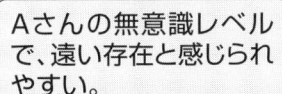

深い呼吸でゆっくりと話す	浅い呼吸で早口で話す
Aさんの無意識レベルで、遠い存在と感じられやすい。	Aさんの無意識レベルで、近い存在と感じられやすい。

44 人のパターンを知る処方箋（優位感覚）

　無意識レベルの反応として「呼吸」「姿勢」「話すスピード」などがあるとお伝えし、これらを合わせていくと深いラポールを作ることができるとお伝えしました。94・140ページで「コミュニケーションは相手に言葉を受け取ってもらえて初めて価値をもつ」というニュアンスの内容をすでにお伝えしました。つまり、**コミュニケーションの成果は、話者が話した量にあるのではなく、聞き手が受け取った量にある**のです。だからこそ、相手に言葉を受け取ってもらえる状態である「ラポールのある関係」が重要なのです。

　しかし、カウンセラーなどコミュニケーションのプロでないかぎり、ちょっとした無意識的な反応を見つけるのは容易ではないと思います。

　そこで、簡単に相手にペーシングできるよう、皆さんに処方箋を提供したいと思います。これは、人間の無意識的な反応を３つのタイプに分類するというものです。

1 優位感覚とは？

　NLPでは人間を感覚別に３つのタイプに分けて特徴を説明しています。その３つとは「視覚優位型（V＝ビジュアル）」「聴覚優位型（A＝オーディトリー）」「身体感覚優位型（K＝ケネセティック）」です。人間には、５つの感覚（五感）がありますが、気づくことなく無意識的に優先して使ってしまう感覚があるというものです。五感の中には嗅覚・味覚も含まれますが、これらはここでは「身体感覚」に含めて考えます。これは15ページでも述べていますので、あわせてご覧ください。

2 なぜ優位感覚が生まれるのか？

　人には、利き腕があります。多くの人はどちらか片方でしか、箸も握れないし、字も書けないと思います。腕は2本しかないのに、左右ではこれだけ能力が異なっているのです。

　では、なぜこのようなことが起こるのでしょうか？　ここでも「焦点化の原則」の影響があります。人間は複雑なものを嫌うので、できるだけシンプルに考える傾向があります。これが「焦点化の原則」でしたね。そして、手も2本しかありませんが、片方の腕で書いたり、握ったり（箸やテニスラケットなどを）するのに慣れてしまったら、使い慣れた同じ腕ばかり使ってしまうのです。

3 人間には利き感覚がある

　私たちには5つ感覚がありますが、ふだんの生活ですべての感覚を一度に意識することは難しいと思います。たとえば、電車の中で、大事な仕事の案件があり、そのことについて考えているとき、隣の人たちが何かを話していても、その内容がわからないし、近くに知人がいても気づかないと思います（もちろん、耳には隣の人たちの声が届いていたはずですし、視界には知人が入っていたはずですが……）。このように、人間は一瞬一瞬においては、何か1つのことにしか集中できないし、感覚も特定の感覚にアクセスすると他の感覚は鈍くなるか、まったく意識できなくなるものです（これも焦点化の原則の影響です）。

　このように、私たちは、一瞬一瞬においては、1つの感覚しか使えない（意識できない）としたら、一日の中で特によく使う感覚とあまり使わない感覚が出てきます。これは職業によっても違ってくると思います。スポーツ選手は身体感覚が敏感になってくるでしょうし、ミュージシャンは聴覚が優れてくるのではないかと思います。そして、いったん利き感覚ができると、無意識にそれに頼ってしまう傾向があると言われています。

4 利き感覚によるパターンの違い

「視覚優位型（V）」「聴覚優位型（A）」「身体感覚優位型（K）」のタイプの人は、それぞれ同じことを体験しても反応の仕方が異なってきます。特に何かを判断するときに大きく異なると言われています。

たとえば、「視覚優位型（V）」のタイプの人は、視覚を使って判断するのが得意です。したがって、音や感覚よりも図、イメージ、絵や映像でものごとをとらえる傾向があるのです。たとえば、「見る」「明らかになる」「イメージしやすい」「見通しが…」「将来の展望が…」などといった言葉をよく使います。何らかのイメージが頭に浮かぶたびにペラペラと話していくタイプで、指導者や社交家に多いといえます。

「聴覚優位型（A）」の人は、音や言葉を大切にします。そして、他のタイプの人に比べて論理的に筋道立てて考える傾向も強いと言われています。たとえば、「人聞きが悪い」「○○とはどういうことですか？」とか、「理にかなっていますね」などといった言葉をよく使います。企業でも経理や参謀役員、セールスパーソンとして活躍するタイプです。また、聴覚ですので、単純に音楽関係者にも多いタイプです。その他、語学が得意な人でもある可能性も高いです。

「身体感覚優位型（K）」の人は、その名のとおり感覚的で、判断するときに直感を大切にします。「なんとなく〜な感じがする」と、身体で感じるものを大切にする傾向があります。「しっくりこない」「腑に落ちない」「つかむ」「握る」といった表現をよくします。個人と関わり、感動させることが好きで、インストラクターやエステティシャン、販売員などで力を発揮する可能性が高いと考えられます。また、身体を使うので、スポーツ選手に多いタイプだといえます。

5 優位感覚の見分け方

各タイプの簡単な見分け方を次ページ以降で見ていきます。**ポイントは①声のトーンとスピード、②呼吸、③姿勢、そして④視線です。**

コミュニケーションのくせを知る方法

> 相手のコミュニケーションのくせを知ることで、より正確に、より早く相手に近づける。

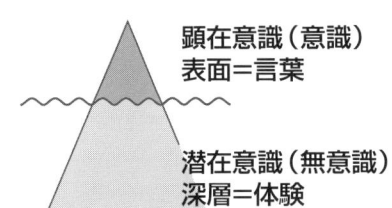

顕在意識（意識）
表面＝言葉

潜在意識（無意識）
深層＝体験

意識よりも無意識の部分に近づくほうが、より効果的にラポールを築ける。

> コミュニケーションのくせは、大きく3タイプに分けられる。

● 利き感覚のパターン ●

V
（視覚重視の人）
▼
図やイメージなどでものごとをとらえる傾向がある。

A
（聴覚重視の人）
▼
論理的に筋道立てて考える傾向が強い。

K
（身体感覚重視の人）
▼
判断時に直感を大切にする。

45 優れたコミュニケーターは場の雰囲気を読む（キャリブレーション）

1 「キャリブレーション（観察）」が効果的な会話の前提

　多くの人は他人に何かを教えたことがあると思います。そのとき、あなたの言うことを「他者が理解した」と、どのように知ったのでしょう。その人があなたに「わかりました」と言ったからかもしれませんし、あなたに向かってうなずいていたからかもしれません。しかし、もしも仮にその人が戸惑った様子でいるにもかかわらず、「わかりました」と言っていたなら、あなたは直感的にこの人は理解できていないと認識し、別の表現で同じ内容を説明し直さなければならないと感じるでしょう。会話においてあなたがとる反応は、あなたが話している相手の反応を観察したものにもとづいていると考えられます。したがって、観察力が高ければ話す相手とより効果的なコミュニケーションをとれると考えられます。

　このように、**言語・非言語のメッセージを読み取り、その人の心の状態や内的に何が起きているかを五感を通して観察することをキャリブレーションと言います。高度なキャリブレーションは見える部分を観察することにより、目に見えない傾向（内面の特徴や頭の中で考えていること）を知ることを可能にします**。順を追って、その理由をご説明します。

2 無意識的な反応は必ず表面に出る

　52ページに次ページの図を掲載しました。この図から、深層部にある体験が表層部の言葉を作り出していると考えることができます。言葉は体験の一部を表現しています。これは、**言葉を話す人がどんな言**

葉を使っているかを観察することによって、話者の頭の中の傾向を知ることができるということを意味するのです。

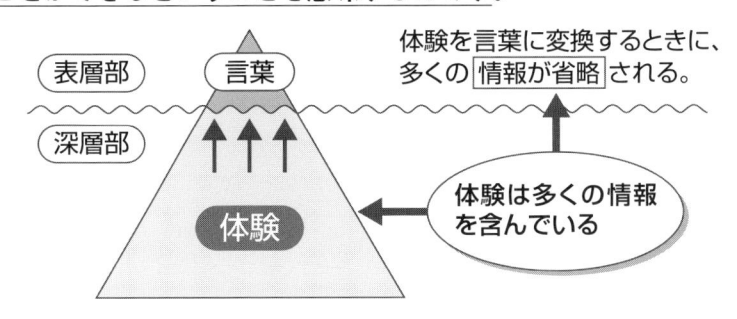

```
表層部    言葉        体験を言葉に変換するときに、
                    多くの 情報が省略 される。
深層部
         体験       体験は多くの情報
                    を含んでいる
```

152ページで、NLPは人間を視覚優位（V）、聴覚優位（A）、身体感覚優位（K）の3つのタイプに分けて特徴を説明する、とお伝えしました。たとえば、「視覚優位（V）」の人は、何かを話すとき、その前提となる体験はどのようなものだと考えられるでしょう？ 「視覚優位（V）」の人は、頭の中でイメージや図を使ってものごとをとらえる傾向が強いと書きました。そうすると、当然、**言葉になる前の体験の部分は映像である可能性が高い**のです。そして、**頭の中で映像を見ているとき、視覚系の言葉（思い描く、〜のように見える、など）を使って表現する確率が高くなります**。なぜなら、何らかの映像を（頭の中で）見ながら話しているからです。

聴覚優位（A）の人は、頭の中で言葉を使って自問自答していたり、音が聞こえていることが他のタイプの人に比べると多くなります。言葉として誰かに表現する前の体験が音や言葉ですから、理路整然と話したり、擬音語を使う可能性が高くなります。

では、身体感覚優位（K）の人はどうでしょう？ 言葉になる前の体験は、何らかの感覚を味わっている可能性が高くなります。そうすると、何らかの感覚を感じながら、それを表現しようとするわけですから、感覚的な言葉（把握する、手ごたえがある、など）で表現する可能性が高くなります。

3 見える（表面の）情報を活用して、見えない（内面の）傾向を知る

このように、話者が言葉を使って話すさい、言葉の前提となる体験の部分と深い関連のある言葉を無意識に使っているのです。そこで、聞き手は、話者の言葉の傾向をしっかり聴くことにより、話者の頭の中の体験が3つのタイプのどれに属するかを推測することができるのです。そして、これはペーシングという観点でとても重要なことなのです。話者が頭の中で映像を見ていたら、聞き手も頭の中で映像を見るようにしたほうが、相手に近づき相手をより理解しやすくなります。逆に、相手が頭の中で映像を見ているのに、こちらが感覚にアクセスして理解していたら、話者が伝えようとしている情報と受け取っている情報に、かなりの隔たりができてしまうでしょう。ラポールはペーシングすることによってできるわけですから、当然、ペーシングするポイントを見極めるキャリブレーション力（観察力）が求められます。

4 「キャリブレーション（観察）」：非言語のメッセージを読み取る

相手のタイプを知るポイントは、言葉だけではありません。150ページでは相手の無意識の部分に合わせることができると、より効果的なラポールができるとお伝えしましたが、超能力でもないかぎり相手の内面の傾向（より無意識的な傾向）を透視することはできません。しかし、無意識的な傾向を知ることはできます。先ほどお伝えしたとおり、体験（内面）が言葉（表面）として体験の傾向を表すように、無意識的な傾向は表面（目に見えるところ）に必ず現れるからです。つまり、目に見える情報を活用し、相手の中にある見えない傾向（無意識的な傾向）に気づくことができるのです。無意識の傾向を見るポイントとして、154ページの最後に①声、②呼吸、③姿勢、④視線の4つをすでに挙げています。VAKの3つのどのタイプが、どのような呼吸をしたり、どのように視線を動かす傾向が強いのかは、後のページで説明します。

キャリブレーションの意味

体験（内面）が言葉（表面）として体験の傾向を表す。

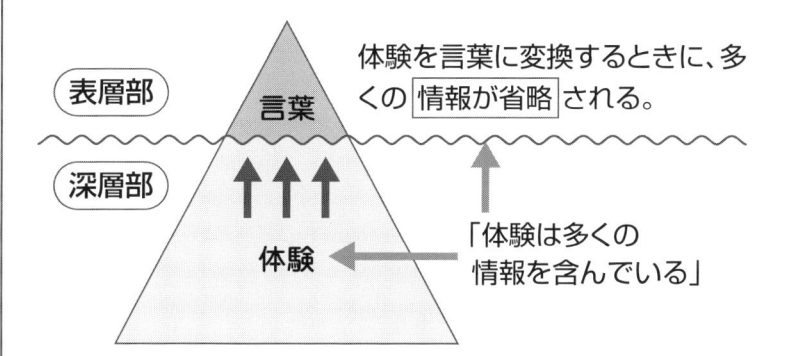

表層部 / 深層部

言葉 / 体験

体験を言葉に変換するときに、多くの 情報が省略 される。

「体験は多くの情報を含んでいる」

「キャリブレーション（観察）」：非言語のメッセージを読み取る。

目に見えるところ
（声・呼吸・姿勢・視線）

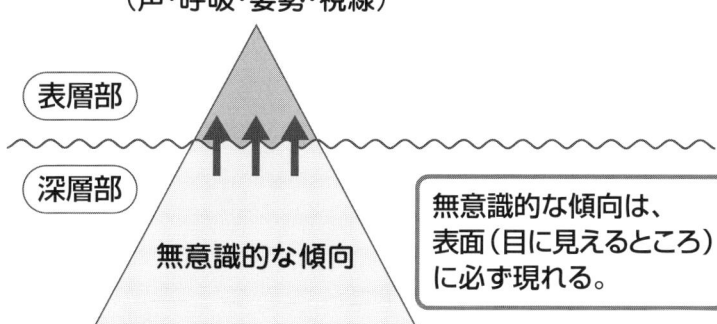

表層部 / 深層部

無意識的な傾向

無意識的な傾向は、表面（目に見えるところ）に必ず現れる。

46 各タイプのコミュニケーションのくせ

　NLPでは人間には「視覚重視（V）」「聴覚重視（A）」「身体感覚重視（K）」の３つのタイプがあり、コミュニケーションを行うさいにそれぞれ異なった表現をするとお伝えしました。たとえば、３つのタイプの人が同じ映画を見たとします。「視覚重視（V）」の人は、ラストの主人公の表情がとても素敵で印象的だったと感想を述べるかもしれません。同じシーンを見ても、「聴覚重視（A）」の人は、主人公が言った○○というセリフが良かったと言うかもしれません。また、「身体感覚重視（K）」の人は、この映画のラストの場面で胸に重いものが突き刺さるような衝撃を感じたと表現するかもしれません。

1 人間の認識の仕方はずいぶん違う

　このように、**同じ情報に接しても**、実は脳内での受け取り方は、**人それぞれずいぶん違うのです**。人間は自分を基準にして他人を見ます。私たちは他人の意識を体験することはできないので、**自分と同じように他人も見たり聴いたり感じたりしていると錯覚している**のです。ですから、コミュニケーションにおいて自分の意図は伝わっていると思いがちですが、実際には異なったニュアンスで伝わっている可能性があるのです。51ページで「人間はできていると思っているかぎり、自分の行動を修正しようとは思わない」とお伝えしましたが、人間の認識の仕方がそんなに変わらないと思っているかぎり、「相手がどのように自分が話したことを受け取っているのか？」、また「相手はどんな感覚を使って情報を受け取っているのか？」などに焦点を当てることはないでしょう。「**人間はそれぞれ認識の仕方がずいぶん違う**」――この考え方をどうか忘れないようにしてください。人間はずいぶ

ん違うという考えがあるからこそ、さらに相手の話に傾聴したり、相手を尊重したコミュニケーションができるのです。

2 「視覚重視の人（V）」のコミュニケーションのくせ

ここから、キャリブレーション（観察）のポイントとして、3つのタイプの無意識レベルの特徴がどのように表面に現れているかを解説します（ただし、人は3つの感覚を使っており、すべてのタイプに当てはまりますので、特に強い感覚が1つなのだとご理解ください）。

視覚重視の人は、図やイメージ、絵、映像を使って情報を理解、記憶、そして表現することが多いです。身ぶり手ぶりが大きく、「見せて」情報を表現するのが得意です。

図やイメージ、絵、映像といったものは情報量が多いため、一度に多くを話そうとし、早口で話す傾向があります。そして、早口で言葉を発する必要があるため、深いところで呼吸せず胸の上部などで浅い呼吸をしがちです。腹の底から出るような低いドスの効いた声ではなく、比較的高音の声で話します。姿勢は背筋が伸び、顔も少し上のほうを向いています。

視覚重視の人は「将来の展望が、明確になった」とか「この図を見れば、なぜこの商品が優れているのかが見えてきます」「今、その全貌が明らかになります」といった表現をし、「見える」「見えない」といったことに関連する言葉を使う傾向があります。

「少年よ大志を抱け」と、若者たちに夢を見ることの大切さを説いた指導者ウイリアム・クラーク博士も、少なくとも銅像のポーズでは視覚を使っていると考えられます。これにはもう1つ理由がありますが、それはこの後に述べることにします。

3 「聴覚重視の人（A）」のコミュニケーションのくせ

聴覚重視の人は、ものごとを音や文字、言葉、数字で理解、記憶、表現する傾向があります。「論理的に考える人」や「理屈っぽい人」

は、聴覚重視の可能性が高いようです。

　視覚重視の人ほど多くの情報を一度に言って話すスピードが速いわけでもなく、身体感覚重視の人ほど深い部分にまでアクセスせずに言葉を発するので、両者の"中間"だと言えます。したがって、呼吸の深さも"中間"、つまり胸元あたりです。

　姿勢も、視覚重視の人（上向きで背筋を伸ばしている）と身体感覚重視の人（これから述べますが、下向きで丸い感じ）の中間くらいです（ここでは"普通"と表します）。そして、口の中でぶつぶつと独り言を言うこともあります。

　聴覚重視の人は、よく「理にかなう」「人聞きが悪い」「○○の定義は？」などと言うことが多く、「聞く」「話す」といった言葉に関する表現をよくする傾向があります。また、「ざわざわ」や「ガーン」といったような擬音語もよく使います。

4 「身体感覚重視の人（K）」のコミュニケーションのくせ

　身体感覚重視の人は、自分の気持ちや感情、感じたことをもとに情報を理解、記憶そして表現する傾向があります。よく手を身体（胸や腹）において話すようです。

　自分の内側にある「気持ち」や「感覚」にアクセスして、それを言葉にしてから言葉を発するため、話すスピードは遅いです。また、自分の内側までアクセスする必要があるので、呼吸も深い部分（胸の下あたりや腹部）でします。身体感覚は、視覚や聴覚と比べて、比較的深い位置にアクセスしないといけないので、どうしても姿勢は下向きになります。身体が丸い感じに見えたり、ゆっくりとした動作をしているのなら、その人は身体感覚重視である可能性が高いでしょう。

　そして、身体感覚重視の人は「しっくりくる」とか「腑に落ちない」「あたたかい人」「人当たりが良い」などといった表現をし、「感じる」といった言葉に関連する表現をすることが多いようです。また、よく抽象的な表現をするという特徴もあります。

各タイプのそれぞれの特徴

●視覚重視の人（V）の特徴

①声	トーンは高音、テンポは速い
②呼吸	浅い（のどの下、胸の上部）
③姿勢	背筋が伸び、顔が少し上を向く
よく使う言葉	「見える」「明らかになる」「びっしりつまった予定表」など

●聴覚重視の人（A）の特徴

①声	トーン・テンポともに中間
②呼吸	中間（胸元あたり）
③姿勢	普通。口の中でぶつぶつ独り言
よく使う言葉	「理にかなう」「人聞きが悪い」「○○の定義は？」など

●身体感覚重視の人（K）の特徴

①声	トーンは低音、テンポは遅い
②呼吸	深い（胸の下あたり・腹部）
③姿勢	丸い感じで、下向き・ゆっくりと動作
よく使う言葉	「しっくりくる」「腑に落ちない」「あたたかい人」「人当たりが良い」など

同じ映画を見ても……
- 視覚重視の人「ラストの主人公の表情が印象的だった」
- 聴覚重視の人「あの場面のセリフがよかった」
- 身体感覚重視の人「ラストが胸に突き刺さるようだった」

同じ情報に接しても、実は脳内での受け取り方は人それぞれずいぶん違う！

47 相手が考えていることを知る方法（アイアクセシングキュー）

　相手のタイプを知ることで、より正確に、そしてより早く相手に近づくことができます。そして、各タイプはどのように見分けることができるのかをここまで述べてきました。「優位感覚」のところ（154ページ）で、見極める４つのポイントは「①声のトーンとスピード、②呼吸、③姿勢そして④視線です」とお伝えし、ここまで各タイプの①から③までについて学んできました。ここで最後に、「④視線」についてお伝えします。

1 眼球の動きから相手の優位感覚を推測する

　NLPでは、眼球の動きから相手がどの感覚にアクセスしているのかを知る方法があり、それを「アイアクセシングキュー」と呼びます。『The User's Manual for the Brain』（Bob G. Bodenhamer、L. Michael Hall著、題名の邦訳『脳の使用説明書』）によると、NLPトレーナーの一人ワイアット・ウッドスモール博士が、生理学的に目の動きと五感記憶の想起に関係があるという脳の基本的なメカニズムを発見したそうです。脳内には網様体と呼ばれる部分があり、これが活性化させられ、特定の優位感覚を刺激する仕組みになっています。そして、この網様体と目を動かす動眼神経の場所がひじょうに近いためアイアクセシングキューが有効なのではないか、と言われているようです。脳の専門家でもないかぎり、脳内の仕組みまで知る必要はないかもしれませんが、コミュニケーションをする人間としてそれを利用できるようになることは、ひじょうに有効だと言えます。

　それでは、視線と優位感覚がどのように関係しているのか、以下述べていきます。

※以下は、右利きの人の約8割に当てはまると言われる結果です。左利きの人には反対に作用するかもしれませんし、まったく異なるシステムをもつ人がいるかもしれません。あくまで約8割の人に当てはまるものです（"アイアクセシングキュー"の"キュー（cue）"は、「ヒント」の意）。

2 視覚（V）にアクセスしているときは上を見る

　話している相手が上を見たら、その人は視覚情報にアクセスしていると考えられます。先ほど161ページで、「少年よ大志を抱け」のクラーク博士を例に出しました。彼の銅像を見たことがある方も多いかもしれませんが、右上のほうを見、腕をその方向に伸ばして指をさしているのです。右上を見ていたら、**「未来のイメージ」**を見ていることになります。つまり、将来のビジョンや架空の像を考えるときは右上に目をやると想像しやすいのです。クラーク博士が右上を見るのも、「大志」つまり「夢」のほうを向いているからだと考えることもできます。

　その反対に、左上を見ていたら、その人は過去の**「記憶されたイメージ」**を見ていることになります。「昨日の服の色は何色でしたか？」と聞くと、多くの人はこの位置、左上へ目を動かすことかと思います。また視覚へは、真正面を向いてぼーっとすることでもアクセスできます。

3 聴覚（A）にアクセスしているときは横に目を動かす

　聴覚（言葉や音）にアクセスしているときは、目を左右に動かします。最近、弁護士をテレビで見ることが多くなりましたが、彼らも視線をあまり上へ動かさず右か左に動かしながら話をすることが多いです。時に、左下を見て話すこともあります。文章や論理を述べるとき、目を上下ではなく左右に動かすことで、言葉や数字といった聴覚情報へアクセスしやすくなるのです。また、頭の中で音楽を流すときも、目を横に動かすとアクセスしやすくなります。

　そして、視覚と同様、右と左どちらへ動かすかでも違いがあります。右横へ動かせば**「未来の音」**、左横ならば**「記憶された音」**へのアク

セスとなります。したがって、「ミッキーがソーラン節を歌ったらどんな感じに聞こえる？」と聞くと視線は右に行くでしょうし、「あなたの携帯電話の着信音を頭の中で流してみてください」と尋ねるとその人の視線は左に行くでしょう。また、**人が自問自答しているとき、視線は左下を向きます**（左下は内的対話、167ページの図）。ロダンの「考える人」が左下を向いていることに不自然さがないのは、そのためかもしれません。

　視覚のアイアクセシングキューとの共通点は、ともに右方向は「未来」で、左方向は「記憶（過去）」であることです。歴史年表も左が過去で右が未来です。会社や個人が作る年間計画なども、左が過去で右が未来になっているほうが自然に感じるでしょう。

4 身体感覚（K）にアクセスしているときは下を向く

　最後に、身体感覚にアクセスしているときの視線についてです。右下に目をやることで身体感覚にアクセスします。「以前やる気があったとき、あなたは身体のどこでそれを感じていましたか？」とか、「砂浜に裸足で立つと、どのような感触がありますか？」と質問をすると、多くの人は右下を見るはずです。もちろん、その**身体感覚にアクセスする前に、頭の中で海の映像や波の音を聞いた人は先に視線を上や左に動かしてから、右下に動かすかもしれません**。このように、V→KあるいはA→Kとアクセスする感覚が変わるときは、それに応じて視線も移動します。そして、170ページでも述べますが、このような視線の移動も重要なキャリブレーションのポイントとなります。

　以上、アイアクセシングキューについてお伝えしました。より効果的にラポールを築くためには、無意識の部分で合わせたほうがよいのです。そして、相手の無意識を知るサインとして、①声、②呼吸、③姿勢そして④視線があることを学んできました。次に、これら無意識の特徴に合わせたコミュニケーションのとり方をご紹介します。

アイアクセシングキューのポイント

無意識を知る大きなヒント
＝アイアクセシングキュー
（眼球の動きから相手がアクセスしている感覚を推測すること）

右上：構成された（未来の）視覚情報（Vc）

左上：記憶された（過去の）視覚情報（Vr）

真正面を向き、焦点ボケしているのも視覚アクセス

右横：構成された（未来の）聴覚情報（Ac）

左横：記憶された（過去の）聴覚情報（Ar）

右下：身体感覚情報（K）

左下：内的対話＝聴覚情報（Ad）

※以上は、右利きの人の約8割に当てはまると言われている。

48 タイプ別、クライアントの心に響く言葉

　利き感覚の違いによって、同じものを体験しても反応の仕方が異なることを説明してきました。ここではその実例を紹介します。3タイプの異なる優位感覚の人たちが同じ車を買い、その理由を説明します。実際の状況で100％1つの感覚に頼るという人は少ないと思いますが、違いを明確にするために極端な例を紹介します。

●視覚重視（V）の人の理由

　「この車は、ボディのシルバーの見栄えがすごく美しくて、形も流線型でかっこいいです。後ろの部分も大きいのでたくさんの荷物が入りますし、窓も大きいので周りが見やすくて安全だし、景色がきれいなところを走ると周りがよく見えて最高です。」

●聴覚重視（A）の人の理由

　「昨年の人気ファミリーカー第一位に選ばれた車の最新モデルです。最新モデルは、去年のモデルよりも売れ行きが20％よいと聞いています。また、周囲の迷惑にならないようエンジン音が改良され、従来の5分の1と静かに走れるようになりました。車内にはサラウンドスピーカーを搭載し、高音質を楽しむこともできるんです。」

●身体感覚重視（K）の人の理由

　「車体がしっかりしています。また、居住性が高く、車内でゆったりできます。窮屈な感じがまったくしません。シートの生地がやわらかく、車内壁は木を材料にしたデザインでさらさら。牛皮を使ったハンドルも、ひじょうにしっくりきます。」

　以上、クライアントや生徒の優位感覚を知ることで、相手が受け取りやすい言葉を意識的に使用できるのがわかるでしょう。

VAK3タイプ別の車の評価例

優位感覚が違えば、反応の仕方が異なる。

視覚重視（V）の人
- ボディのシルバーの見栄えがすごく美しくて、形も流線型でかっこいいです。
- 後ろの部分も大きいのでたくさんの荷物が入りますし、窓も大きいので周りが見やすくて安全だし、景色がきれいなところを走ると周りがよく見えて最高です。

聴覚重視（A）の人
- 昨年の人気ファミリーカー第一位に選ばれた車の最新モデルです。
- 最新モデルは、去年のモデルよりも売れ行きが20％よいと聞いています。
- 周囲の迷惑にならないようエンジン音が改良され、従来の5分の1と静かに走れるようになりました。
- 車内には、サラウンドスピーカーを搭載し、高音質を楽しむこともできるんです。

身体感覚重視（K）の人
- 車体がしっかりしています。
- 居住性が高く、車内でゆったりできます。窮屈な感じがまったくしません。
- シートの生地がやわらかく、車内壁は木を材料にしたデザインでさらさら。牛皮を使ったハンドルも、ひじょうにしっくりきます。

同じ車でも、説明の仕方がこれほどにも異なる。

49 戦略に沿った提案の仕方

「相手がアクセスしている感覚」を知ることで、実際の会話にどのように役立つのでしょうか。ここでは「相手がアクセスしている感覚」をアイアクセシングキューなどから読み取り、それに合わせて会話をしていく実例をご紹介します。

1 ストラテジーに沿った提案をする

スーツのセールスパーソンが、お客である佐藤さんに、新しいスーツはどのようなものがよいかをたずねます。それに対して佐藤さんは、

「んー、そうですねぇー…（左上を見ながら）たとえば、○○のコマーシャルで俳優の●●が着ているのと同じような感じで、紺の縦じま入りがいいですね。（視線が右下に行く）●●みたいに"一流"で"貫禄あり"って感じがするし。（左下を見ながら）でも正直なところ、5万円以上は出せないなー。こんな感じのものってありますか？」と答えました。

鋭い読者の方はもうお気づきかもしれませんが、佐藤さんが新しいスーツを買うのに、まず買いたいと思うスーツのイメージを見て（視覚＜V＞にアクセス）、買った場合の感情や感覚を体験し（身体感覚＜K＞にアクセス）、最後に価格について自問自答する（聴覚＜A＞にアクセス）というプロセスを踏んでいるのです。このようなVAKの流れのプロセスをNLPでは**ストラテジー（戦略）**と言います。**これは無意識レベルにある思考パターンであり、ある人に何かを提案するのであれば、その人のストラテジーに沿った提案の仕方をすると効果的なのです。**

2 特定の順番・ストラテジー

　小学生とテレビゲームをして遊んだら、みごとに完敗した経験のある方がいるかもしれません。その子は、いつ、どこで敵がどのように現れるかを知っており、そのさい、何をすればよいのかがあらかじめわかっているからです。ゲームのパターンを知っているから、彼は決まった動き（ストラテジー）をし、ある程度一定した結果を出すことができるのです。この「決まった動き」に当たるのがストラテジーです。つまり、何らかの結果を出すために重要なステップの順番のことをいいます。特にNLPでは、どの感覚をどの順番で使うかを主にストラテジーということが多いです。先ほどの佐藤さんの例では、欲しいスーツのイメージを見て（V）、買った感情や感覚を味わって（K）、そして価格について考える（A）というプロセスを踏んでいるので、「V→K→A」となります。

　ストラテジーは特定の結果を出すために脳が情報を処理する順番なので、いたるところで発見することができます。NLPトレーナーのロバート・ディルツは、この原理を発展させ、さまざまなストラテジーを発見してきました。創造的に文章を書くためのストラテジーや今回のように物を買うときのストラテジー、また天才と呼ばれる人たちが画期的な創作をするときのストラテジーや英単語を効率よく記憶できる英語のスペリングのストラテジーなどです。もちろん、より正確にストラテジーを把握するためには、より複雑なストラテジーが必要です。たとえば、視覚アクセス（V）でも、右上を見る「未来の視覚（Vc）」なのか、左上を見る「過去の視覚（Vr）」なのかで、得る結果は異なります。しかし、ここでは基本をおさえるため、「VAK」がどのような順番で使われているかを見ていきます。

3 ストラテジーに合わせた会話

　そこで、このセールスパーソンが彼のストラテジー（V→K→A）

に合わせて提案をしていくとします。以下、会話の流れをシミュレーションしてみましょう。

セールス：俳優の●●さんが着ているような紺の縦しま入りでしたら、あちらのスーツなどはいかがでしょうか？（V）

佐藤さん：あー、いいねー。

セールス：これでしたら、会社にはもちろん、パーティに着ていっても絵になる（V）スーツだと思います。イメージできますか？

佐藤さん：(左上を見ながら) うん。そうだねー。たしかに。ドラマの「××」に出ているときの●●みたいになりそうだね。

セールス：そうですね。ドラマの「××」に出ているときの●●みたいになりそうですね。また、このスーツは△△の生地を100％使用していますので、型崩れもしにくいですし、がっしりとしていて暖かい（K）です。どうぞお召しになってみてください。

佐藤さん：(試着する) あー、しっくりくるねー（K）。(しばらく感覚を確かめている)。これでいくらするの？（A）

セールス：こちらは4万5千円となります。

佐藤さん：じゃあ、これにするよ。

セールス：ありがとうございます。それでは、こちらへ…」

4 相手が求める情報を求めるときに提供すること

　上の例では、説明した内容をわかりやすく示すために、かなり簡単な会話をお伝えしました。クライアントのストラテジーを発見するのは簡単なことではなく、しばらくトレーニングする必要があります。**あくまでも大切なことは、その会話の相手が求めている情報をなるべく早く察し、その情報を求めているときに、求めている形で提供することです。**

購買決定のストラテジーの分析と情報提供

相手のストラテジーに合わせた情報提供

「んー、そうですねぇー…
- （左上を見ながら）たとえば、○○のコマーシャルで俳優の●●が着ているのと同じような感じで、紺の縦じま入りがいいですね。
- （視線が右下に行く）●●みたいに"一流"で"貫禄あり"って感じがするし。
- （左下を見ながら）でも、正直なところ、5万円以上は出せないなー。こんな感じのものってありますか？

➡ **購買決定のストラテジー：V→K→A**

● ストラテジーに沿った提案の仕方 ●

見てもらう	着てもらう	価格の相談
V	**K**	**A**

相手が求めている情報をなるべく早く察し、その情報を求めているときに、求めている形で提供すること

50 コミュニケーションの本当の目的（リーディング）

　ここまで、この章ではコミュニケーションの大前提はラポールであり、相手と好ましい関係を作ることなしに、効果的なコミュニケーションをとることは難しいとお伝えしてきました。しかし、コミュニケーションの目的は「好ましい関係」を作ることなのでしょうか？

1 真のコミュニケーションの目的とは

　もちろん、「好ましい関係」を作ることなしに、言葉は相手の深い部分に届きません。ただし、これでは相手と仲が良くなるだけです。たとえば、上司と部下のコミュニケーションにおいて上司がしなければならないことは、部下に伝えるべきことを伝えて、やる気をもってその業務を遂行してもらうことだと思います。つまり、**しっかりとラポールを作ったうえで、必要な影響を与えること**なのです。

2 リーディング（導く）

　真のコミュニケーションの目的は、相手に影響を与え何らかの変化を作り出すことと言えます。ここでいう変化とは、「やる気のある状態になってもらう」などです。NLPではこの **ペーシング** ⇒ **ラポール** ⇒ **リーディング（誘導）** ⇒ **相手に望む変化** のプロセスをよくダンスの比喩で紹介しています。二人以上でダンスをするさい、まず無意識に何を心がけるでしょうか？　おそらく、最初はお互いにお互いのペースに合わせることを意識するでしょう。これがペーシングです。そして、いったんペースが合うと、お互いに心地よいリズムで踊ることができます（ラポール）。そして、いったんラポールができると、こちらがリードしたら相手もそれに合わせてついてくるようになるのです。

ペーシングから相手に影響を与えるまでのステップ

真のコミュニケーションの目的

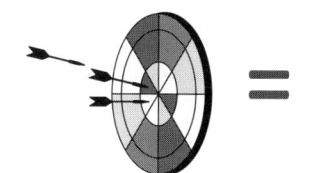

= 相手に影響を与え何らかの変化を作り出すこと

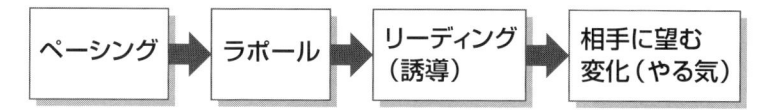

ペーシング → ラポール → リーディング（誘導） → 相手に望む変化（やる気）

ペーシング（相手にペースを合わせる） → ラポール → リーディング（こちらのリードに相手も合わせる） → 求める変化

51 絶対成功するコミュニケーターの条件

　ここでは、いくつかのリーディング（誘導）の事例をご紹介します。NLPの本などでは、ペーシングして無意識レベルでラポールができた後、動作が似てきたり、こちらが望む提案などを快く受け入れてもらいやすくなる」と書かれています。しかし、初めてこれを読んだとき、信じることができませんでした。

1 親しい関係の人とは動作がマッチングする

　あるとき研修をしていて、頭がかゆくなってかいたことがあります。すると、その会場には20名ほどの受講生がいたのですが、1分も経たないうちに7〜8名くらいの方が頭をかいたのです。正直驚きましたが、「これがNLP関連の本に書かれてあったリーディングなんだ」と実感しました。実際、その場には、受講生とトレーナーである私の間に強いラポールができていました（「ラポール⇒リーディング」の流れになっていたのです）。

　それ以後も、同じような体験を何度かしています。ただし、これらのことは気づいているかどうかは別として多くの方が体験していることだと思います。すごく親しい人とお茶などを飲んでいるとき、相手がカップを持ってお茶を飲み出すと、ほとんど同じタイミングで自分もお茶を飲み始めるというケースを体験された方もいるでしょう。親しいカップルは言葉のくせも似てくるということも、多くの方はご存じでしょう。このような動作は無意識ですので、多くの場合は気づきませんが、NLPを学ぶと無意識的な動きに焦点が当たるようにようになるので、気づく回数が増えてきます（焦点化の原則）。

　職場でも同じようなことがあります。ひじょうにチームワークのと

れている部署で仕事をしていときなどは、調和した心地よい雰囲気があり、ペースが合っていると感じます。このような状態のときは、誰かに何かをお願いしたらスムーズに受け入れられる可能性が高いでしょう。**つまり、リーディングが可能な状態なのです**。そして、このようなチームワークのとれている部署や先ほどの仲の良いカップルの関係では、意識的にペーシングすることなく呼吸のペースが合っていることが多いのです。昔の人は仲の良い関係のことを「息が合う」と表現しましたが、よく言ったものです。逆に、ギスギスしている職場では、おそらく本能的に合っていないと感じ、居心地が悪いと感じるでしょう。また、ペースがバラバラで呼吸も合っていないでしょうし、何らかの提案をしても受け入れてもらいにくいでしょう。このような職場では、リーディングは困難です。

2 人間は安心だと感じられる人についていきたくなる

　ラポールがある関係では動作が似てくるという事例をご紹介しましたが、**「動作が似てくるという現象」が重要なのではありません。「動作が似てくるという現象」の奥にある原則を知ることが、リーディングの理解につながるのです**。

　ペーシングのところでもご説明しましたが、人は「安全・安心」を求めており、**特に無意識レベルで相手が安心だと感じれば一緒にいたい（ついていきたい）と感じるのです**。この状態になっているとき、無意識レベルでは、相手と一緒にいたほうが（ついていったほうが）安心だと感じているのです。そこで、ラポールがある関係では、意識することなしに相手の動作（しぐさ・呼吸・ペースなど）は似てきますし、こちらの提案なども受け入れてもらいやすくなるのです。人は嫌いな人（ラポールのない関係）の言うことはそれが正しくても受け入れたくないと感じるものですし、好きな人の言うことは少々無理をしてもかなえてあげたいと思うものです。

　頭でわかっていても、身体で嫌だと感じたらなかなかできないのが

人間だということをお伝えしました。だからこそ、**正しいことを言う前に、正しいことが受け入れられて適切に影響を与えることができる環境を作る必要があるのです**。つまり、**ペーシング⇒ラポール⇒リーディングの流れを重視したコミュニケーションは、特別なテクニックではなく、人間であるかぎり絶対に必要なプロセス**なのです。

3 本当に大切な姿勢

　144ページの最後に述べましたが、ラポールやリーディングは実はテクニック的に意図的に行われるものというよりは、大好きな人と一緒にいたら自然に行われているものなのです。当然のことながら、NLPがあって人間の性質があるのではなく、人間の性質があって、それを解明するなかでNLPが生まれたのです。ですから、本来はラポールやリーディングも自然なものなのです。

　ここまで意図的に「ラポール」を作る方法や、人を導く方法（リーディング）の技術をお伝えしてきました。しかし、もっと大切なことは、自然にラポールを作ることのできる人間になることだと思います。つまり、どんな人でも好きになれる人間になれたら、コミュニケーションは努力することなしにうまくいくでしょう。たとえば、あなたが上司として尊敬されていたら、部下はあなたの言うことを高いモチベーションで実行するでしょう。また、そんなあなただったら、あなたが困っていたら、何も言わなくとも助けてくれるでしょう。

　もちろん、自然に人を愛し愛される人になるのは簡単なことではありませんし、時間もかかるでしょう。しかし、めざすことは大きな恩恵をもたらしてくれます。合わせることの大切さをたびたびお伝えしてきましたが、**本当に相手に合わせるためには、心から相手を尊重することが大切**だと思います。相手を尊重できたら、合わせたいと自然に思えるからです。そのためにも、「リフレーム」などを使い、良い面を見る習慣を作るなど、NLPを本当に大切な姿勢を身につけるためにご活用ください。

本当に大切な姿勢を身につけるために

人は無意識レベルで相手が安心だと感じれば、一緒にいたい（ついていきたい）と感じる。

親しいカップルは、言葉のくせも動作も似てくる。

親しい間柄だと、お茶を飲むタイミングが同じことが多い。

人間は安心だと感じられる人についていきたくなる。

↓

人は好きな人の願いは少々無理をしてもかなえてあげたいもの。だから、あなたが上司として尊敬されていれば、部下は高いモチベーションで業務を実行する。

チームワークのとれている部署は、意識的にペーシングすることなく、呼吸のペースが合っていることが多い。

合わせることは大切。
しかし、それ以上にラポールを築くことが重要。

だから、本当に相手に合わせるためには、心から相手を尊重することが大切。

52 聴衆に変化をもたらす2つの姿勢

　私はまだ企業に勤めていてセールスパーソンだったころ、社内外のさまざまな研修を受講させられました。ここであえて「受講させられた」と書きましたが、末端の社員であった私に選択の自由はなく、受けないわけにはいかなかったのです。会社の命令を遵守する形の義務感でがんばっていたというのが正直な気持ちです。自発性の乏しい状態で深く学ぶことは難しいと、その当時は思っていました。

　研修講師になった今でも、その当時の気持ちを忘れないようにしています。なぜなら、受講する方々の状態を知ってそれに合わせた研修をしなければ、伝わるものも伝わらないからです。講師の役割はただ単に情報を話すことではなく、情報を受け取ってもらって、次の日から学んだことを即実践してもらうことだと思います。

1 リーディングで重要な2つの姿勢

　情報を受け取り、実践してもらうためには、2つのことが必要だと思います。1つは**受講生との間のラポール**であり、もう1つは**研修で伝える内容の重要性を深く実感してもらうこと**です。ラポールがあってはじめて、話が受け入れられます。また、51ページでも書きましたが、**話の内容に必要性を感じてはじめて、現場で意識的に実践しようという気持ちになる**のです。必要性を実感いただくには、表面的な話ではなく本質的な話をする必要があります。

　研修もある種のリーディングだと思います。企業研修であれば、会社の日常業務を遂行するために必要なことを、効果的に実践できるようになっていただく（変化していただく）ことだと思います。174ページでもお伝えしたように、コミュニケーションの本当の目的は相手

に変化を作り出すことです。

2 相手が否定的でも、まずはそれに合わせる

　NLPはラポールを作るためのペーシングを大切にします。仮に相手が否定的だったとしても、まずはそれにペーシングしなければリーディングすることはできません。ですから、企業研修を開始するさい、研修に対する否定的な雰囲気を感じたら、まずはその重い雰囲気にペーシングすることから始めます。なぜなら、受講生が否定的で暗い雰囲気のときに、講師が明るく元気に始めると、講師だけ浮いている状態になります。そうなると、ますます受講生との間に距離ができてしまいます。

　とても重い雰囲気の受講生が多い会社で研修をスタートさせるときに、冒頭で実際に次のように話したことがあります。

「皆さん、研修は好きですか？　好きな人は手を挙げてください。」
（まったく手が挙がらない…しかも皆さん暗い顔をしている）
「ほとんどの人は、研修はあまり好きでないかもしれませんね。」
「私も研修講師になる前は長い間セールスパーソンだったのですが、研修が嫌いでした。」
「なぜなら、仕事が忙しいのに会社からリーダーシップを学んできなさいとか、マネジメントを学んできなさいとか、自分が学びたいかどうかは関係なく強制的に受講させられたからです。」
「皆さんの中にも、仕事がとても忙しいのに、無理をしてここにいる方もいらっしゃると思います。」
「私が受講した研修の先生の中には、一方的にたくさんの理論を話された方もいます。」
「しかし、あまりやる気を感じていなかった私は、いきなりたくさんの情報を押しつけられているように感じて強い抵抗感を感じていました。」
「やる気が薄かった私は、研修の時間、どちらかと言えば講師のお話を聞

いたふりをしていました。」

「こんなの意味がありませんよね…」

「皆さんの中にも、かつて、受講した研修でそういう体験をされた方もいらっしゃるかもしれません。」

「しかし、何の因果か偶然に偶然が重なって、私も研修講師になりました。そして、私は企業研修を行うとき、いつも自分が末端の社員だったころに研修を受講したときの気持ちを大切にしたいと思っています。」

「なぜなら、かつての私のような気持ちで受講していただいても、皆さんにとって有益な勉強にならないし私にとっても良い仕事をしたことにはならないからです。ですから、私は皆さんがイメージされているような一般的な企業研修はいっさいいたしません！（ここは言い切ります）」

「これまでとは違った研修をいたします。」

「そこで、企業研修でも、どのような内容にしたら、皆さんにワクワクして興味深く学んでいただけるのか？　このことを考え続けてようやく理想のプログラムができました。」

「今日はそれを提供します。」

　以上のようにお話ししたら、重い雰囲気の受講生も今回の研修はコレまでとはちょっと違うと感じ、最初から熱心に聴いてくれる方が格段に多くなるのです。もうおわかりのように、ペーシングから始めています。これは極端に重い雰囲気の会社での研修の事例で、明るく肯定的な方が多い会社ではもっと明るくスタートします。要するに、「場」に合わせることが大事なのです。ここでは、<u>結果的にリーディングしていますが、大切なことは私が本当に思っていることを話すことです。つまり、ペーシング⇒リーディングはテクニックではないのです。</u>好きな人に何かを伝えたいと思ったら自然にペーシングするように、相手のことを本気で大切にしようと思ったら、相手を尊重しつつこちらが伝えたいことを話すので、自然にペーシング⇒リーディングの流れでお話しするのではないでしょうか？

研修でリーディングを発揮する要件

リーディングで重要な2つの姿勢

- 受講生との間のラポール
- 研修で伝える内容の重要性を深く実感してもらうこと

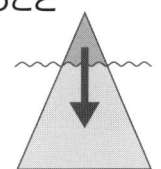

➡ **研修もある種のリーディングだと考えられる。**

企業研修であれば、会社の日常業務を遂行するために必要なことを、効果的に実践できるようになってもらう（変化してもらう）ことが目的。

相手が否定的でも、まずはそれに合わせる。

「場」に合わせ、本当に思っていることを話す。

本当に思っていることを相手に伝えたいと思うところに、自然とスキル（ペーシングやリーディング）が生まれる。

第4章
パワーコミュニケーションの実践

53 ものごとを見る視点を変える（フレーミング）

　読者の皆さんにとって、「どしゃぶりの雨」は良いものでしょうか？　それとも、悪いものでしょうか？　おそらくどちらとも言えないと思います。遊園地に遊びにいく子どもにとっては最悪の事態でしょうが、水不足の地域の人たちにとっては恵みの雨ということになります。このように、<u>ものごとの価値を決めるのはあくまで状況</u>です。

1 フレーミング

　92ページで、「フレーム（ものごとを見る視点）」という概念を簡単に説明しました。そこでは「クレーム（苦情）」の例を出しました。私が初めて勤めた会社の上司は、「クレーム（苦情）」を大切にしていました。なぜなら、「クレーム（苦情）処理」を行うことによって、自分の誠実さをアピールできる機会だと本気で考えていたからでした。実際、その上司はクレーム処理を全力で行い、その後に熱烈なファンを獲得していました。まさに「雨降って地固まる」でした。私はその姿を見て、強烈なリフレーム（視点の変化）を体験しました。なぜなら、クレームはお客様の厳しい批判を受けるつらいものだと思っていたからです。

　「クレーム＝つらい」ととらえていたころ、クレームの嫌な面がたくさん見えました。しかし、「クレーム＝チャンス（機会）」だととらえるようになってからは、クレームの良い面が見えるようになりました。

　このように、「同じできごと」「同じコミュニケーションの内容」であっても、人の受け止め方が違ってくるのです。これはすべてのコミュニケーションに絵と同じように額（フレーム）がかかっているからと考えることができます。そして、このフレームをかけることを「フ

レーミング」と呼びます。

2 フレーム（視点）の変化が反応と行動の変化を生む

私たちは、毎日さまざまなできごとに遭遇し、一喜一憂しています。しかし、冒頭の「どしゃぶりの雨」や「クレーム（苦情）」の例のように、<u>できごとそれ自体の意味は無色透明なのです</u>。できごとの意味を決定しているのは実は「フレーム（視点）」で、多くの場合、最悪だと思っていることでさえ、フレーム（視点）を変えれば、良い点を見つけ出すことは可能です。

3 フレームが変われば反応（体験）が変わる

フレーム（視点）を変えれば、ものごとの意味が変わります。そして、<u>良い点を見ることによって、反応（体験）の仕方も変わってきます</u>。「クレーム＝つらいもの」という視点でとらえているときは、クレームは悪い意味のできごとであり、クレームが起こったときに重く<u>否定的な気分</u>になりました。しかし、「クレーム＝チャンス」だと思えるようになったとき、私の中では良い意味をもつようになり、クレームが起こっても<u>前向きな気持ち</u>でいられるようになりました。

ここでいう「<u>否定的な気分</u>」や「<u>前向きな気持ち</u>」は、頭で考えるものではなく身体（胸や腹）で感じるものであり、K（身体感覚）に近いものです。そして、70ページで述べたように、動機（やる気）はK（身体感覚）で、人間の行動に大きな影響を与えるのです。逆に、否定的な気持ちは行動を制限してしまいます。

4 反応の仕方が変われば行動も変わる

このように、フレームが変われば、意味が変わり⇒反応（体験）が変わり⇒行動が変わってくるのです。行動の積み重ねが私たちの人生を創り出しているわけですから、「フレーム（視点）」の変化は人生に大きな影響を与えることになるのです。

5 フレームは焦点化の原則が作り出す

　では、なぜフレーミングという現象が起こるのでしょうか？　これは「焦点化の原則」があるからと考えることができます。人間の意識は、性能の悪いコンピュータのOSにたとえることができるとお伝えしました。ですから、**複雑なものを処理することができず、世界をシンプルにとらえようとします**。結果として、私たちは焦点が当たったものしか見られない、たとえば、上司がいい人だというレッテルを貼ると、実際よりも良い面が見えやすくなるでしょう。「焦点化の原則」の説明で、人間は焦点を当てているものしか見えないとお伝えしましたが、**実は同じものを見てもどの面を見るかは人それぞれ違うのです**。つまり、人間は**見たいものしか見えない**し、見えているものについても**見たいようにしか見ない**と言えます。

6 フレーミングを使って人間関係を改善する

　私も、かつて好きなタイプの人、苦手なタイプの人がいました。そして、NLPを学ぶ前は、それぞれのタイプの人を見るとほぼ自動的に特定の反応をしていました。つまり、**刺激⇒反応**を繰り返していたのです。**苦手なタイプの人を見る（刺激）**⇒ **嫌な気持ち（反応）**というように。

　しかし、フレーミングという手法を知ることによって、刺激と反応の間に**好ましいフレームを選択する**というスペースを加えられるようになったのです。結果として、プロセスが以下のように変化しました。**苦手なタイプの人（刺激）**⇒ **好ましいフレームを選択**⇒ **好ましい反応**

　フレーミングはひじょうに単純な手法ですが、状態を管理するためのひじょうに有効な手法なのです。

　以上、フレーミングも無意識のパターンに気づいて、意識的にコントロールするNLPらしい手法なのです。コミュニケーションにおいても、苦手な人に対する苦手意識を克服するなど大きな力を発揮します。

フレーミングが起こる原因は？

複雑なものをとらえられないから、単純にする。

例 「上司は良い人だ」というレッテルを貼ると、それに焦点化され良い面が見えやすくなる。

苦手なタイプの人を見る（刺激） → 嫌な気持ち（反応）

苦手なタイプの人を見る（刺激） ✕ 好ましい反応

↓　　　　　　　　　　　　　　　　　　↑
好ましいフレームを選択

↑
フレーミングを使って人間関係を改善する

54 プレゼンテーションの効果を決める初頭効果

　ここまで、フレーミングを視点の変化、つまりリフレームという観点から解説してきました。ここでは、「プリフレーム」と呼ばれるもう1つの代表的なフレームの使い方をご紹介します。

1 プリフレーム

　「プリ」とは「前もって」という意味の接頭語です。つまり、プリフレームとは「前もってフレームをかける」という意味になります。このプリフレームという手法は、コミュニケーションにおいて絶大な効果を発揮します。

2 コミュニケーションにおける先入観

　この本の中で、企業内研修は歓迎されないことがあると書きました。これは「研修」という言葉に特定のフレームがかかっていると考えることができます。たとえば、「研修＝固い勉強」「研修＝退屈な時間」などという先入観をもたれてしまったら、なかなか熱心に話を聴いてもらえません。

　また、私は小学校のころ、校長先生の朝礼の講話が好きではありませんでした。人生経験豊富な校長先生のお話は、今聴くとすばらしいものとして聴くことができると思いますが、その当時は校長先生が出てきたら反射的に嫌な気持ちを感じて、話を聴かずまったく関係のないことを考えていました。「校長先生の講話＝退屈」というフレームがあったのだと思います。

　逆に、人気のある芸能人の講演会など、期待しているファンを相手に話をする場合は、どんな話も興味深く聴いてもらえるでしょう。私

は関西に住んでいて、何度も吉本新喜劇を見に行きましたが、会場に入った瞬間に笑う準備をしていたような気がします。だから、何を聴いてもおもしろいと感じました。

　もちろん、話の内容も大切ですが、聴講する方の先入観によって、伝わり方が違ってくるのです。

　このように、先入観は良い面でも悪い面でも大きな力を発揮します。

3 プレゼンテーションの効果を決める初頭効果

　歓迎されない研修やプレゼンテーションや商談などでも、開始早々に話を聴く相手の否定的なフレームをはずして、この人の話はおもしろそうだと思ってもらえるようなフレームを前もってかけること（プリフレーム）ができたら、同じ内容の話であったとしてもまったく相手に与えるインパクトが違ってくるはずです。

4 短時間で熱心な雰囲気を作る方法

　181ページでは、企業研修の事例でペーシング⇒リーディングすることによって、「重い雰囲気」⇒「熱心な雰囲気」に変化させた事例を紹介しました。もうお気づきかもしれませんが、この事例は同時に「プリフレーム」の成功例でもあるのです。

「皆さん、研修好きですか？　好きな人は手を挙げてください。」
（まったく手が挙がらない……しかも、皆さん暗い顔をしている）
　　　　　　　　　…中略…
「しかし、何の因果か偶然に偶然が重なって、私も研修講師になりました。そして、私は、企業研修を行うとき、いつも自分が末端の社員だったころに研修を受講したときの気持ちを大切にしたいと思っています。」
「なぜなら、かつての私のような気持ちで受講していただいても、皆さんにとって有益な勉強にならないし、私にとっても良い仕事をしたことにはならないからです。ですから、私は皆さんがイメージしているような一般

的な企業研修はいっさいいたしません！（ここは言い切ります）」
「これまでとはまったく違った研修をいたします。」
「そこで、企業研修でも、どのような内容にしたら、皆さんにワクワクして興味深く学んでいただけるのか？　このことを考え続けて、ようやく理想のプログラムができました。」
「今日はそれを提供します。」

以上の事例で、研修をスタートさせるとき、重く暗い雰囲気を感じたと書きました。これは、研修に対しての否定的な気持ちがその雰囲気を作り出していると考えることができます。大変おおざっぱに言うと、この場合、多くの受講生が「研修＝つまらないもの」というフレームをかけていると考えることができます。実際、この研修を行った日、私は講師の名札をつけずにしばらく受講生を眺めていたら、「今日は全然やる気ないよ」という声が聞こえてきました。これでは、良い研修ができないと思い、なんとか「プリフレーム」しなければならないと思ったのです。そして、181ページで紹介した内容を冒頭で伝えた結果、多くの方に「今回の研修はいつもの研修とは違う」というフレームを持ってもらえたのです。

5 コミュニケーションは最初が肝心

セールスパーソンが営業時に、商品そのものの説明をする前に、自分自身を上手にプリフレームすることができたなら。また就職面談で面談担当者に自分をアピールするときに、短く良いイメージをもっていただけるようなプリフレームができたなら、その後の話を相手がより深く受け入れてもらえるのは言うまでもありません。

以上のように、大切なことを伝える前に、効果的なフレームを作ってから話すだけでも、伝わり方は違ってくるのです。

プリフレームの効果は？

プリフレーム
＝前もってフレームをかけること

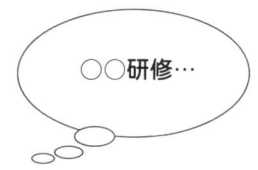

○○研修… → 研修＝固い勉強 / 研修＝退屈な時間

なかなか話を聞いてもらえない

●●（人気芸能人）の講演会… → 興味津々

興味深く聞いてもらえる

話の内容も大切だけれど、聴講する方の先入観も大切。それによって伝わり方が違ってくる。

「この話はおもしろそうだ」とのフレームを前もってかける。

55 天才セラピストのパターン認識でミスコミュニケーションを防ぐ（メタモデル）

1 メタモデルとは？

　ここまで見てきましたように、NLPには言葉の効果や使い方に関して優れた理論があります。NLPはジョン・グリンダーとリチャード・バンドラーによって開発されたと述べましたが、彼らが最初に開発したのは言葉の使い方に関する理論です。彼らは、1970年代当時、ひじょうに優れたセラピストだったバージニア・サティアとフリッツ・パールズがセラピー中に使っていた言葉を分析しました。その結果、二人は、ある特定のパターンの質問をしていることに気づきました。そして、これらのパターンを参考にしてメタモデルという理論を作りました（メタとは、ギリシャ語で「〜を超えた」「違うレベルで」を意味します）。

2 コミュニケーションに正確さを取り戻す手法

　では、メタモデルとは何か？
　わかりやすく説明すると、コミュニケーションに正確さを取り戻す手法です。このモデルを学ぶことによって、言葉によるコミュニケーションの不完全さを理解し、それを防ぐ具体的方法を学ぶことができるのです。この本の第1章で、コミュニケーションとは体験を言葉に翻訳して相手に伝えるものだとお伝えしました。そして、このメタモデルでは、この体験が言葉に翻訳されるプロセスで3つのことが起こると考えます。それは 省略・歪曲・一般化 です。このうち、省略・歪曲 については第1章ですでに説明しています。メタモデルを通じて、ミスコミュニケーションを防ぐ方法を学ぶことができます。

3 コミュニケーションにおける「深層部」「表層部」

この本の中で、「言葉によるコミュニケーションを行うさい、伝えたい体験の情報の多くが省略されて言葉になる」と説明してきましたが、これはメタモデルを理解するうえで、とても大切な概念ですので、さらに深く解説していきます。

私たち人間は言葉によるコミュニケーションを行うとき、言葉として表現される前の情報があります（メタモデルではこの情報を**深層部**と呼びます）。わかりやすく表現すると、これが体験です。64ページで「盆踊りの事例」をお伝えしましたが、誰かに何かを伝えるさい、**言葉を伝えたいのではなく、体験を誰かにシェアしたいはずです**。実際、「盆踊り」の体験は1〜2時間程度に及んだはずです（原体験には膨大な情報があると考えられます）。しかし、言葉にすると、2分程度で話せてしまいます。これは情報がかなり少なくなっていると考えられます。このように、私たちは**深層部にある体験という情報を言葉に変換するプロセスで、多くの情報が省略される**と考えることができます。**言葉は体験の概略を表しているにすぎない**のです。メタモデルでは、言葉のことを**表層部**と呼びます。つまり、コミュニケーションを行うさいに実際に見えている（表に出ている）部分という意味です。

4 省略

このように、コミュニケーションを行うとき、情報のごく一部だけが表層部（言葉）で表現され、残りの大部分が深層部に残されるのです。このプロセスをメタモデルでは（情報の）省略と呼びます。

5 歪曲

「歪曲」という言葉を聞くと、否定的な印象をもつ方もいるかもしれませんが、メタモデルの「歪曲」は良い意味も悪い意味もありません。**情報が「体験（深層部）」から「言葉（表層部）」に上がってくる**

プロセスで、その特定の情報が話者のフィルターを通して独特の意味をもつようになるというものです。

58ページではタイタニックという映画の事例を使って、同じ映画を見てもずいぶん印象が違うとお伝えしました。そこで「**人はそれぞれ価値観が違うため、それがフィルターとなって、同じものを見ても、見え方が違ってくる**」と述べました。つまり、この歪曲というプロセスも、人間が言葉を使ったコミュニケーションを行うかぎり必ず体験するものなのです。

6 一般化

「一般化」とは「あるものごとがいっさいの例外が認められず同じ意味をもつ」という意味です。そこで、**一般化は「みんな」「すべて」など普遍性のある言葉で表現される**ことが多い、とまずは考えてください。体験（深層部）が言葉（表層部）となるわけですが、「一般化」も話者のフィルター（主観）によって作られるものです。

一般化の事例として、私の新入社員当時の体験をご紹介します。私は入社早々に営業部に配属されました。しばらくはそつなく仕事をしていたのですが、あるとき営業の電話をしたさい、対応のまずさから大きなクレームを作ってしまいました。そのさい、上司にこっぴどく叱られて、「私は仕事ができない」という一般化をしてしまいました（「私＝仕事全般ダメ」）。「私＝仕事全般ダメ」という一般化をしてしまった私は、営業に対してのみならず仕事全般に対して強烈な苦手意識をもち、簡単な事務作業すらもミスをするようになってしまいました。私は、たった一回営業で失敗しただけで、<u>私は仕事ができないといっさいの例外なしに考えてしまったのです。これが一般化です。</u>

このように、**人間は体験を一般化する傾向がありますが、それらの多くは真実ではなく、極端な体験が作り出した「思い込み」に近いもの**です。ですから、一般化も気づくことによって、ある程度防ぐことができるのです。

メタモデルにおける深層部と表層部との関係

メタモデルとはコミュニケーションに「正確さ」を取り戻す手法である。

誰かに何かを伝えるときは、言葉を伝えたいのではなく、体験を誰かにシェアしたい。

表層部で単純化されている。

盆踊り → 言葉

表層部
言葉は体験の概略を表しているにすぎない。

1. 省略
2. 歪曲
3. 一般化

体験・経験

深層部
深層部にある体験という膨大な情報を、言葉に変換するプロセスで、多くの情報が省略される。

盆踊りの体験（何も省略されていない深層部の完全な体験）

言葉にした時点で、実際の体験の多くが省略・歪曲・一般化され、正確な情報が伝わらない。

だから、メタモデルで正確さを取り戻す必要がある。

56 正確なコミュニケーションを取り戻す方法は？

1 地図は（実際の）領土ではない

　「地図は領土ではない」——これは、NLPの基本的な考え方を表現した比喩です。ここでいう「領土」とは、「実際の（現実の）土地」を意味しています。これは、「現実の体験」と「言葉」の違いを表している比喩として理解することもできます。

　さて、ものすごく基本的な質問ですが、「地図」が先に世界に存在して、そのあとに「領土（実際の土地）」ができたのでしょうか？　それとも、「領土」が先にあって、あとで「地図」ができたのでしょうか？　言うまでもありませんね。「領土」があって「地図」ができたのです。

　では、「領土」が「地図」に変化するプロセスの中で何が行われたのでしょうか？　ここまで熱心にこの本を読んだ方は、おわかりかもしれません。「領土」は現実世界そのものであり、膨大な大きさがあります。それに対して、「地図」はコンパクトになっています。もちろん、地図は領土を表現していますが、同じではありません。サイズが格段に縮小されているということは、**省略**が行われています。そして、領土は実際の土地ですから、凹凸があったり、建物があったりしますが、地図は平面に描かれます。これは**歪曲**が行われていると考えることもできます。

2 言葉は（実際の）体験ではない

　旅行したさい、地図を見て理解したつもりになっていたが、実際に現地に出かけるとまったく違った印象だったという体験はあると思い

ます。コミュニケーションにおいては、相手の言葉を聞いて自分の頭の中で理解したつもりになっていることも、実は相手が体験したこととはまったく違ったものであるかもしれないのです。

3 正確なコミュニケーションを取り戻す方法

人間は地図を見て、それが実際の土地（領土）だと思っているように、誰かの話を聞いたときに、勝手に自分の頭の中の地図でそれを理解したつもりになっているのです。人間が言葉を使ってコミュニケーションを行うさいは、必ず **省略・歪曲・一般化** のプロセスが行われることになります。これは、言葉を使ったコミュニケーションの不完全さを示すものです。

しかし、不完全だと自覚することによって、初めて私たちはそこに注意を向け、それに対処しようという気持ちになるのです。51ページでも書きましたが、「**人間はできていると思っているかぎり、自分の行動を修正しようとは思わない**のです。

どうか人間が言葉によるコミュニケーションを行うかぎり 省略・歪曲・一般化 の3つのプロセスが起こることを、心に焼き付けていただきたいのです。この理解が強固な土台にあってはじめて、私たちは正確なコミュニケーションを取り戻すことができるのです。

4 正確なコミュニケーションを取り戻すための骨子

ここで、正確なコミュニケーションを取り戻すための骨子をお伝えします。メタモデルについてはさらに後のページで詳しく述べていきますが、ここでお伝えする骨子が重要です。

2つの段階があります。

まず、何度もお伝えしたことですが、根本的な考え方は**言葉は表層部にすぎないと考えること**です。

つまり、話者が伝える言葉は「地図」にすぎないのです。この認識が強くないかぎり、相手の「領土」を知ろうとは思わないでしょう。

これは、コミュニケーションミスが起こっている可能性を探ろうとはしないということを意味します。

そして、次に「失われた情報」を取り戻すのです。そのさいに、「質問」を使います。「失われた情報」はどこにあるのでしょうか？　もちろん、「深層部」ですよね。それがわかれば、省略・歪曲・一般化に関する質問をすればよいということになります。つまり、相手の話（言葉）を聴きながら、「どんな情報が省略されているのか？」「どんな歪曲が入っている可能性があるのか？」「話者のフィルターで何かが一般化されていないか？」を考えるのです。そうすれば、直感的にどんな質問をすればよいかがわかるものです。

メタモデルは後のページでご紹介するとおり、英語の言語学的に分類した12パターンの項目と、それに対応するさらに多くの質問方法から成り立っています。しかし、これらをすべて暗記して実践するのは現実的ではありません。カウンセラー・コーチ・セミナートレーナーなどコミュニケーションの分野のプロならば習得するメリットがあると思いますが、この本の一般的な読者の皆さんは、日常での仕事やプライベートでのコミュニケーションでの応用だと思います。6ページでも書きましたが、日常での実践は複雑なものよりシンプルなもののほうが役に立ちます。NLPを学び始めたころ、私も12パターンもの項目をすべて暗記して覚えておくことは難しいと感じました。日常会話においては常に柔軟性が試されます。本に書かれている文例どおりに相手が話してくれて、公式どおりに対応できることは稀です。97ページのコーチングの質問の項目で、質問項目を暗記するよりも本質を理解するほうが大切だとお伝えしましたが、メタモデルも本質の理解が重要です。メタモデルの本質は、あくまで省略・歪曲・一般化の理解にあるのです。

いよいよ次の項目以降でメタモデルの12パターンの項目をご紹介しますが、初めて学ばれる方は省略・歪曲・一般化を取り戻す質問をどのようにするのかのイメージをつかむつもりでお読みください。

正確なコミュニケーションを取り戻す方法

正確なコミュニケーションを取り戻すための骨子

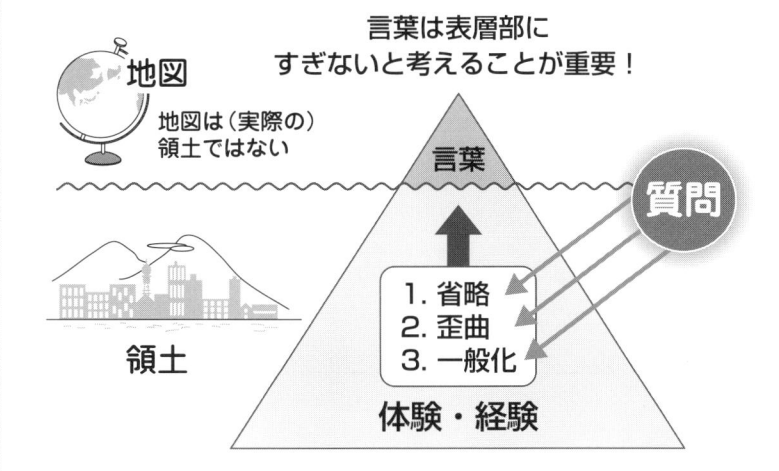

地図

地図は（実際の）領土ではない

言葉は表層部にすぎないと考えることが重要！

言葉

質問

1. 省略
2. 歪曲
3. 一般化

領土

体験・経験

「失われた情報」を取り戻す省略・歪曲・一般化に関する質問をすればよい。

A「どんな情報が省略されているのか？」
B「どんな歪曲が入っている可能性があるのか？」
C「話者のフィルターで何かが一般化されていないか？」

省略…『昨日は飲みすぎました！』 ⟶ 『何を飲みすぎたのですか？ビール？ それともコーヒー？』

歪曲…『あの上司がじゃまするから俺は活躍できないんだ。』 ⟶ 『その上司がいることが、あなたが活躍できない唯一の原因なのでしょうか？』

一般化…『私はいつもドジばかりしてしまう。』 ⟶ 『成功したことは一度もないの？』

57 可能性を広げる質問方法

　ここでは、メタモデルの質問をすることによってコミュニケーションにどんな変化がもたらされるのかをもう少し詳しく解説します。

1 メタモデルの質問の効果

　メタモデルの質問、つまり省略・歪曲・一般化に関する質問には、以下の2つの効果があります。

> ①　言葉の意味が明確になる。
> ②　可能性を広げる。

　まず、①はわかりやすいですね。**省略**された情報を取り戻す質問をすれば、コミュニケーションをとる**相手の言葉の意味がより明確になる**はずです。たとえば、以前、上司との間でミスコミュニケーションがありました。上司が、穏やかな口調で「できるだけ早くこの書類を仕上げてくれ」と言ったのです。それを聞いた私は、優しい口調だったので、2〜3日中でいいのかな思いました。ところが、その日の夕方呼び出され、書類の提出を指示され、「できていません」と答えたら、「できるだけ早く仕上げなさい、と言っただろ！」と厳しく叱責されたのです。つまり、「できるだけ早く」の基準が私と上司の頭の中では違っていたのです。このように、言葉には多くの情報が省略されているのです。

　この場合、「言葉によるコミュニケーションには省略が起こる」とわかっていたら、直感的に「できるだけ早くってどのくらいですか？」と質問することができたと思います。この事例では、相手の言葉に**基**

準が省略されていたのですが、このように省略された情報を取り戻す質問をすれば相手が言っている言葉の意味がより明確になるはずです。

2 人間は体験したことをありのままに見ていない

　ここまで見てきましたように、私たち人間は何らかの体験をしたときに、それを歪曲したり一般化（単純化）して、それを認識しているのです。その認識は歪曲と一般化というプロセスを通っているかぎり、それを体験したその人の独自の解釈にすぎないのです。ですから、良い意味でも悪い意味でも、歪曲と一般化がもたらす表現は「思い込み」に近いのです。

3 「真実」と「思い込み」の違い

　「真実」とは不変のもので、万人に共通するものです。たとえば、「太陽が東から昇って西に沈む」というのは、誰にでも共通することです。
　では、「管理職はみなストレスを抱えている」はどうでしょう？世の中の管理職全員が一人残らずストレスを抱えているわけではありませんよね。ということは、「思い込み」です。真理は不変ですが、思い込みは気づくことによって変化させることができます。

4 「思い込み」も信念の一種

　この本の中で使用している「信念」という言葉は、英語のビリーフを翻訳したものです。英語のビリーフを日本語に翻訳すると信念になりますが、日本語の信念には「信条」や「強い願い」といった肯定的な意味もありますが、英語のビリーフは「信じていること」「思い込み」といった意味になります。NLPはアメリカから輸入されたものですので、この本では「信念＝信じていること・思い込み」というニュアンスでご理解ください。

5 メタモデルの質問は可能性を広げる

　さて、この項目の冒頭で、メタモデルの効果の２つめは「②可能性を広げる」とお伝えしました。では、なぜ可能性が広がるのか？　その理由は、203ページで歪曲と一般化がもたらす表現は「思い込み」に近いと書きましたが、**歪曲・一般化**された情報を適切な形に戻す**質問**をすることによって、**自分の認識が「思い込み（信念）」だったと気づくから**なのです。

　たとえば、かつて私の後輩は「僕は営業職には向いていない」と私に悩みを相談しました。彼を指導する先輩である私は、セールスパーソンとして必要な誠実さや人の話を聴く共感力を彼の中に感じていたので、この発言は意外でした。しかし、その当時NLPを学び始めていた私は、説得するのではなく、メタモデルの質問をすることによって、彼が自分で自分の制限（思い込み）に気づくようにしました。

　右のページにそのやりとりを再現してみましたので、ご覧ください。

　私の後輩（A君）は、「セールスパーソン＝クロージングが強くなければならない」という思い込み（信念）をもっていたのです。その理由は、彼はある先輩と何度か同行営業に出かけましたが、その先輩がすごく強いクロージングをしていて、それを見たA君が「制限となる信念」を作ってしまったのです。この事例から、メタモデルの質問は「可能性を広げる」ということもおわかりいただけたかと思います。

メタモデルの質問例

＜事例1＞

後輩（A）君：	「僕は営業には向いていないと思うんです。」
私：	「何がA君に営業に向いていないと思わせたの?」
後輩（A）君：	「僕は、気が弱くてクロージングが弱いのです。」
私：	「セールスパーソンで成功している人はみんなクロージングが強いの？ ちなみに、僕もクロージングは弱いけど」
後輩（A）君：	……（無言で考えて、「思い込み」に気づく）

＜事例2＞

人事部B氏：	「やはり、営業と製造の間で、まともにコミュニケーションをとるなんて不可能ですよ。いつもここのコミュニケーションがうまくいかないんですよ。」
私：	「そうですか。何か問題があったのですか？」
人事部B氏：	「いや、昨日も営業がお客様のところにまったく違った商品を持っていって、クレームをいただいてしまったんですよ。もう、営業と製造は別人種だと考えたほうがいいみたいですね。いくらコミュニケーションを学んでも、この2つの間で意思の疎通は不可能ですね。」
私：	「そうですか。以前、人事部内では意思疎通がよくできているとおっしゃっていましたが、人事部は皆さんBさんのように営業出身なんですか？」
人事部B氏：	「いや、各部署からまばらに集まっています。」
私：	「そうですか。それでは人事部に製造部からの方はいらっしゃいますか？」
人事部B氏：	「そうだなあ。CさんとD君がいるなあ。そういえば、彼らとはよく意思疎通ができているなあ。」 （営業と製造の間の会話だけど、何が違うんだろう？）

58 省略に関する質問

　さて、このページ以降、メタモデルの質問の処方箋をご紹介しますが、皆さんが直面する状況は無数にあります。ですから、公式のように「Aと言われたらBと答えなさい」のように一般化することはできません。あくまでも、暗記するのではなく、200ページでお伝えしたように本質をつかんでいただきたいと思います。

1 省略に関する質問

　209ページの表をご覧ください。ここに省略に関する表を掲載しています。省略に関しては、相手が使っている言葉の **名詞** と **動詞** に着目します。そして、**抽象的な表現はないかをチェック**します。197ページの図にもあるように、体験（深層構造）には多くの情報があります。深層構造は体験そのものですから、当然、具体的なはずです。しかし、言葉になるということは、多くの情報が失われてしまうので抽象的になります。話を聞く側は「具体的な表現」と「抽象的な表現」では、当然、「抽象的な表現」のほうがカン違いしやすくなります。

　たとえば、同じ内容を示す2つの表現が以下にあるとします。

A「上司との人間関係がうまくいっていないのです。」
B「直属の上司である課長が会議で意思決定するさいに、すぐに決断しないで、そこにいる全員の意見を聴いてから決定するんです。それがじれったくて嫌なんです」

　Aだけを聴いたら、この社員さんは上司との間に深刻な対立があり、相当な時間と労力を使って解決しなければならない課題があると思わ

れるかもしれません。**しかし、Bの内容を聞いたら、この社員に問題解決の方法をいくとおりも教えてあげることができる**と思います。そして、社員がAの表現をすることによって、実は自分で自分の可能性を制限していることにもなるのです。なぜなら、人間の意識は世界をシンプル（単純）にとらえる傾向があるので、実際には上司の会議の進め方が気に食わないだけなのに、「この上司とはうまくいかない」とレッテルを貼ってしまう可能性があるのです。そして、人間はまったく気づくことなく、この「**単純化した評価**」を「**真実**」だと思い込んでしまうのです。フレーミングのページでも述べましたが、何らかの体験をしても、人間は主観的な価値観で認識してしまうのです。

よく人間関係は第一印象が大事と言われますが、入社して間もない時期、仕事がわからず困っているときに、あるおっとりとした先輩に優しく声をかけられたら、その先輩のことを「おちついた人」と肯定的なレッテルを貼るかもしれません。しかし、同じシチュエーションで、おっとりした先輩に無視されたら、「グズな人」と否定的なレッテルを貼ってしまうかもしれないのです。そして、**いったんレッテルを貼ってしまうと、その視点（フレーム）でその人を見てしまうようになり、特定の印象でその人を判断してしまうことになりかねないのです**。ここでいうレッテルも、**一般化**と考えることができます。

では、「上司との人間関係がうまくいっていないのです。」という表現の中から、抽象的な表現を探して、省略された情報を取り戻す質問を考えてみてください。

そんなに難しくはないですよね。抽象的な表現は「**人間関係**」と「**うまくいっていない**」ですね。それに対応する質問もシンプルです。

「上司との人間関係って、具体的にどんな関係なの？」
「うまくいっていないって、何がどのようにうまくいっていないの？」

上の例のような質問をすることによって、自分が自分に課していた

制限に気づき、状況を変化させる可能性が見えてくるのです。

2 問題解決の要諦

　人間は何かを考えるとき、必ず言葉を使って考えます。思考しているときは、言葉が頭の中でめぐっているわけです。ということは、頭の中で使う言葉の傾向は、私たちの生活に大きな影響があると考えることができます。先ほどの例のように「上司との人間関係がうまくいっていない」と状況を一般化してとらえてしまうと、問題解決の可能性を感じにくくなるのです。では、同じ問題でもどのような言葉で表現されていたら、可能性を感じ、解決に向けた行動に結びつけることができるのでしょうか？　リーダーには問題解決能力が求められていますが、言葉の使い方で問題解決の可能性が広がるのです。

3 動きがある言葉には可能性を感じる

　「動きがある言葉（動詞など）」と「固定されている言葉（主に名詞）」と、どちらが変化しやすいと感じるのでしょうか？　この答えは、もうすでに示していますね。206ページの上司との関係を表現した2とおり（A・B）の例がありますが、Bのほうが動きがあり、解決（変化）の可能性を感じることができます。

4 名詞化という現象は問題解決の可能性を奪う

　209ページの表に 名詞化 という項目があります。これは、本来動きがあることがら（動詞など）が名詞となって固定され動きが失われている表現です。先ほどから何度も例に出した「人間関係」も「問題」も 名詞化 です。なぜなら、それぞれ本来は動きがあるからです。つまり、「人間関係に問題がある」のではなく、「人間関係に問題がある」という表現（言葉）を使うから「問題が変化しにくい」と思い込んでしまうのです。以上、見てきましたように、メタモデルの質問をすることによって、可能性を広げ、問題解決の突破口を作ることができるのです。

省略の例

種類	事例	質問方法
不特定動詞 （抽象的な動詞）	●「また上司にバカにされた」 ●「あのお客様は今回の企画に嫌気がさしている」	具体的に言うと？ どのように？
不特定名詞 （抽象的な名詞）	●「うちの会社はコミュニケーションが下手なんです」 ●「世の中そんなに甘くはない」 ●「もっとプロ意識をもて」 ●「意見の相違だ」	具体的に言うと？ 誰が？ 何が？ 何に対して？
比較 （比較の対象の欠如）	●「努力が足りない」 ●「営業力が弱い」 ●「必死さが足りない」 ●「自立できない社員が多すぎる」	何と比べて？
判断 （基準が省略されている表現）	●「○○会社の企画はすばらしい」 ●「ビジネスをするなら東京だ」 ●「これからは医療ビジネスの時代だ」	誰が決めた？ 何を基準に？ 誰の判断？ どのような理由で？
名詞化 （動詞など本来動きがある言葉が、名詞になり動きが失われてしまった表現）	●「ライバル会社が手強い」 ●「ビジョンの浸透が企業活動の基礎である」 ●「上司との人間関係が問題である」	誰が？ どのように？ 何について？

59 歪曲に関する質問

　ここでは、歪曲を扱っていきます。歪曲はそれぞれの人の特定のフィルターが作り出す「思い込み」だとお伝えしました。メタモデルでは、歪曲は右のページのように4つのパターンがあると考えます。**これらの質問をすることによって、相手に制限を作り出している「思い込み（信念）」に気づかせることができます**。つまり、可能性を広げることができるのです。

　「仕事を笑いながらするなんて、なんて不真面目なんだ」と誰かが言ったとします。この表現をした人は、どんな信念（思い込み）をもっているのでしょうか？　おそらく、「仕事は真面目な顔で真剣にしなければならない」などの信念があると考えられます。そして、この信念は世の中のすべての人が共通にもっているわけではないので、やはり信念にすぎません。そして、「どうして笑いながら仕事をすることが、不真面目ということになるのですか？」と尋ねられれば、「思い込み（信念）」にすぎなかったということに気づくことになります。右ページの図にある「前提」「因果」「憶測」の例文も同じです。これらの例文をしっかりと見ると、どれも特定の価値観が特定の信念（思い込み）を作っているにすぎないということに気づくでしょう。

　ただし、現実のコミュニケーションの中では、いちいちこれが「因果」で、これが「等価の複合観念」と考えながら人の話を聴く余裕なんてありませんから、ただ「どんな歪曲が入っている可能性があるのか？」を考えながら人の話を聴くことをおすすめします。そうすれば、どんな質問をすればよいかは直感的にわかるものです。

歪曲の例

種類	事例	質問方法
等価の複合観念（X=Yになる表現）	●「笑う＝不真面目」 ●「気が弱い＝営業に適さない」 ●「確認を要求される＝信頼していない」	どうしてXがYを意味するの？
前提	●「上司は部下をバカにする」 ●「今の若い人は根性がない」 ●「経理部の人間は頭の固い人ばかりだ」	何があなたをそう思わせたの？ どうしてそう信じたの？
因果	●「上司の声は私をいらいらさせる」 ●「朝礼が乱れると、一日中集中力が出ない」 ●「社長が暗いから、私も暗くなる」	なぜXがYの原因？ Xが原因でないとすると、Yはどうならなければいけない？
憶測	●「もはや会社から私への期待は崩れてしまった」 ●「これだけ一生懸命働いているのに」	いったいどうしてそれがわかるの？

60 一般化に関する質問

「一般化」とは「あるものごとが例外が認められず同じ意味をもつ」という意味でしたね。人間は単純化を好む、とこの本の中でたびたび触れてきましたが、まさに**「一般化」は世界をシンプルに見ようとする意識が作り出す「思い込み」**なのです。「みんな」「すべて」といった表現は、「一般化」の代表的な表現です。

たとえば、「私はみんなに嫌われている」という表現があります。このような表現が真実だと言えるでしょうか？ もし、真実だとすれば、すべての人間に嫌われているということになります。この場合も、メタモデルの質問をすることによって、「思い込み（信念）」に気づき、可能性を広げることになります。質問は単純です。「みんなって誰ですか？」と質問すると、多くの場合、自分を嫌っているのは自分の身の周りの数人だけだということに気づくことになるでしょう。

また、「できる・できない」「べき・べきでない」という表現も、「一般化」です。

たとえば、「部長になんか絶対になれない」という表現は、明らかに自分の思い込みで限界を決めています。この場合は、右ページの表にありますように、「何が部長になれないと思わせているの？」と聴いてあげれば、部長という役職に対する何らかの**個人的な基準**が出てくるでしょう。たとえば、「好き嫌いが激しいから（部長になれない）」と答えが返ってきたとすれば、さらに次のようにメタモデルの質問をします。「部長になっている人は、好き嫌いが激しい人は一人もいないの？」

このように、メタモデルの質問はいくつか重ねて行うと効果的です。

一般化の例

種類	事例	質問方法
可能性の叙法助動詞（限界を表す） ・できる ・できない ・可能 ・不可能	●「私は部長になんかなれっこない」 ●「私は部下の信頼を得られない」 ●「私にこの仕事は無理だ」	もしできたとしたら？ 止めているものは何？
必要性の叙法助動詞 ・べき ・べきでない ・〜しなければならない ・〜してはいけない	●「上司であるならば、これくらいのことはできないといけない」 ●「人に対していつも親切でいるべきだ」 ●「社長なのだから、隙(すき)を見せてはいけない」	もし、そうしないとどうなる？ もし、そうしたらどうなる？
普遍的数量詞 ・すべて ・みんな ・いつも 　…など	●「私は会社のみんなから嫌われている」 ●「あいつはいつもミスをする」 ●「上司は絶対にYesと言わない」	すべて？ あらゆる？ いつも？ 誰でも？ ひとつも〜ない？ 決して〜ない？

61 言葉は体験をコンパクトに伝えることができる

1 メタモデルの質問の注意点

　ここで、メタモデルの質問を使うさいの注意点をお伝えしておきます。
　メタモデルの質問はあくまで大切な会議や商談など、コミュニケーションミスが命取りになるような場合にのみお使いください。なぜなら、**相手が言った言葉に対して質問を重ねると、相手は詰問されているように感じて、不愉快になってしまうこともある**からです。皆さんも会議などで、自分の意見を言ったとき、「それはどういう定義なのか？」「なぜ、〇〇が、□□という意味になるのか？」などと、細かな質問をされた経験があると思います。もちろん、質問をする人との間に強力なラポールがあれば嫌な気にはならないでしょうが、基本的に人間は詰問のような細かな質問をされたくはありません。
　そこで、どうしてもメタモデルの質問をしたいと思ったときには、「ひとつ質問させていただいてもいいですか？」と言って、相手に質問を答えるかどうかの決定権を差し上げるだけでもずいぶん違います。94ページで「人間は決定権をもっていたいと望む」とお伝えしましたが、一言「質問させていただいてもいいですか？」と伝えるだけでも、相手は尊重されていると感じて質問に答えやすくなります。
　また、**メタモデルの質問をする前に190ページでご紹介したプリフレームをするというのも効果的**です。たとえば、部長であるAさんが部下のBさんにある企画を説明したとします。そのさい、BさんはAさんの説明が抽象的でわかりづらいと感じたときに、以下のようにプリフレームしたらどうでしょう？
　「Aさんのプランは本当にすばらしいですね！　私もAさんにもっと

協力したいと心から思いました。だから、さらにAさんのお考えを深く知りたいので、いくつかの質問をさせていただきたいのですが、よろしいでしょうか？」と、メタモデルの質問をする前に上司であるAさんに言ったらどうでしょうか？

おそらく、Aさんはなんて熱心な部下なんだと好ましく思い、快くたくさんの質問に答えることができるでしょう。このように、どうすれば詰問のようになってしまいがちなメタモデルを、快く受け入れてもらえるかを考えることは、相手を尊重するという観点で大切なことです。**人間は正しいと思ったこと（思考）を受け入れるのではなく、好ましいと感じたもの（感情）を受け入れるものです**。言い換えると、**多くの人にとって思考よりも感情のほうが影響力が強い**のです。メタモデルはコミュニケーションに正確さを取り戻すための正しい方法ですが、やはりそれを受け入れるかどうかは常に相手であることを忘れないでください。

2 言葉は体験をコンパクトに伝えることができる

さて、ここではメタモデルの逆の方法、つまり「**わざとあいまいな表現を使うことのメリット**」をお伝えします。

198ページで「地図は領土ではない」という概念をご説明しました。地図は領土（実際の土地）が省略、歪曲されてできたものですので、領土（実際の土地）と同じではありません。しかし、「地図」は私たちの日常で欠かすことができないものです。そして、多くの場合コンパクトな地図と大きな地図ではコンパクトな地図のほうが役に立ちますね。ということは、地図は領土が**省略・歪曲されてコンパクトになっているからこそ役に立つ**と考えることができます。実は、言葉も同じ理由で役に立つのです。

体験は情報量が多いと何度かお伝えしました。たとえば、映画を見たとします。その体験を余すことなく伝えようと思ったら、膨大な時間がかかるでしょう。たかだか、映画の感想を何時間も聞かされたく

ないでしょう。しかし、体験を言葉に置き換えると<u>省略・歪曲</u>が起こるわけですから、必然的に短い時間でだいたいの内容をお伝えすることができます。このように、言葉は体験が<u>省略・歪曲されてコンパクトになっているからこそ役に立つ</u>のです。

多くの時間を割いて、言葉によるコミュニケーションの不完全さをお伝えしてきましたが、言葉だからこそ、短時間で大体のことを表現できるという長所もあるのです。

3 抽象的な表現は自由に考えてもらうのに適している

さて、仮に就職説明会で、ある企業の担当が以下のような2とおりの表現を用意したとします。①「この会社は自由な雰囲気があります。」②「この会社では、社内コミュニケーションに関する経営方針が徹底されており、上司と部下が分け隔てなく自分が思ったことを伝え、それが受け入れられる組織風土があります。」――最初の例と2つめの例では、どちらのほうが参加者が情報を補って理解しなければならないでしょうか？　当然、あいまいな表現である1つめですね。そして、<u>1つめの例のほうが自分の体験につなげて理解しやすいのです。</u> <u>2つめの例は、具体的になった分、まだ企業で働いた経験がなければ、想像しにくい</u>でしょう。

4 あいまいな表現は不特定多数の人に伝えるのに適している

政治家が演説するさいに、以下のようなことを言われたとします。「教育は国政の基礎である。」――これを聴いた人は、それぞれの頭の中で独自に理解するでしょう。なぜなら、「教育」「国政」といった言葉の解釈は人それぞれだからです。よって、100人いれば100とおりになるかもしれませんが、全員が自分なりに理解することになります。なぜなら、<u>抽象的ということは空白が大きいので、それを聴いた人たちはそれぞれの体験で埋めなければならない</u>からです。このように、抽象的な表現が役に立つ場面もあるのです。

言葉と体験

言葉は体験をコンパクトにしたもの。だから使いやすい。

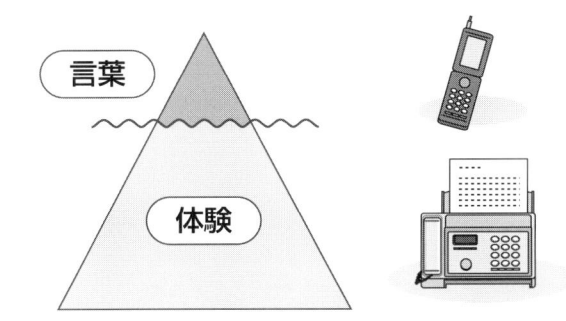

> **注意！**
> メタモデルは大切な会議や商談で使うとよいが、日常生活で使うと詰問と勘違いされることが多い。

＜実際にあった受講生のできごと＞

上司：それじゃあA君、明日までに新規プロジェクトの原稿上げておいて。

部下：新規プロジェクトの原稿ですね。
（そうだ、この前習ったメタモデルを使おう！）
具体的にどのように原稿を上げればよいですか？
もし上げなかったとしたら、どのようになりますか？
そもそもなぜ上げる必要があるのですか？
上げることで何を満たしたいとお考えですか？

上司：そうか。イヤならいいよ。B君に頼むよ。

●あとがきにかえて●

～１つのことを愚直なまでに実践してください。～

　たくさんの人におすすめしたい本があります。
　それは「少女パレアナ」という物語です。
　初めてこの本を読んだときに、涙が止まらなかった。
　人間かくあるべきだと、主人公のパレアナの生き方に教えられたように感じました。本当に強烈に感じました。
　その物語の中で、パレアナはたった１つのことを実践することによって自分が幸せになったばかりか、周りの人たちに幸せの輪を広げていきました。それはパレアナにとってはゲームでした。「なんでも喜ぶゲーム」というゲームでした。幼いころお人形がほしかったパレアナは、お父さんにおねだりしました。お父さんは教会へ行き、お人形がもらえるようにお願いしたがかなわず、教会の係の人からかわりに松葉杖を受け取りました。そして、この状況でお父さんはパレアナに「なんでも喜ぶゲーム」をしようとゲームを始めたのでした。松葉杖をもらったパレアナはなかなか喜ぶことができませんでした。だから、初めは、お父さんにその答えを教えてもらいました。「杖を使わなくてすむからうれしい」という答えを。
　このゲームの正体を、最後までこの本を読まれた読者はおわかりだと思います。まさに「リフレーム」です。
　パレアナはたった１つのことを愚直なまでに実践したのです。本当にたった１つのことをです。
　人が幸せになるのに、多くのスキルが必要なのでしょうか？
　私はそうは思いません。
　パレアナの生き方が示すとおり、少ないスキルを徹底することだと思います。
　好奇心から、複雑なテクニックや目新しいスキルに目がいくが、本

あとがき

当に大切なものは、ありふれたとても基本的なものだと思います。

この本に書かれていることを全部実践するのは難しいでしょう。しかし、願わくばどれか1つでいいから実践し続けていただきたいのです。たとえば、「リフレーム」1つをとっても、やり方はシンプルですが、いざ実践してみると難しいと感じるかもしれません。しかし、物の見方が人生に与える影響は多大です。難しいかどうかではなく、大切かどうかで判断していただきたいのです。この本の中でも、たびたび必要性を実感しないと行動は変わらないとお伝えしました。好ましい変化はたくさんのことを知っている人に訪れるのではなく、何かを実践した人に訪れるのです。

そして、何らかの実践が積み重なると、それは生き方になります。

私はパレアナのスキルではなく、パレアナの健気な生き方に影響を受けたのです。**人間は、最終的には在り方や生き方そのものに影響を受けるのではないかと思います**。この本の中で、ペーシングやリーディングの技術をご紹介しましたが、本当にコミュニケーションが上手な人は、誰から教わることなく、相手を尊重し、そしてその相手は自然にこの人についていきたいと感じてリーディングされるのではないでしょうか?

この本で本当にお伝えしたかったことは、スキルではありません。

健全なコミュニケーションのあり方を伝えたかったのです。

コミュニケーションは断じてテクニックではありません。

著名な心理学者であるビクター・フランクルは、人間が発する言葉が信用できない時代になったと言われました。この本に関しても、私がどんな言葉を使って書いたかではなく、私という人間がどんな人間であるかがいつも大切なのだと思います。もし、綺麗な言葉で完璧な文章で表現できたとしても、私でないものは皆さんの深い部分には伝わらないでしょう。

最後に、執筆中なかなか納得できる表現にならず、予定を大幅に延長させていただいたにもかかわらず好意的に接してくださった太田編集長に感謝いたします。ありがとうございました。

索　引

〔あ行〕

アイアクセシングキュー	164
アイデンティティーレベル	
	102, 106, 117, 128, 130
意識	25
意識レベル	146
一般化	196, 202, 212
NLP	12
思い込み	203, 212

〔か行〕

快・痛みの原則	18, 28
学習	44
仮想体験	33
価値観	130
環境レベル	102, 106, 110, 116
観察	156
利き感覚	153
キャリブレーション	156
空白	54
空白の原則	18, 20
決定権	94
行動レベル	102, 106, 110, 116
コーチング	96
五感	15, 68
５Ｗ１Ｈ	116
言葉	36, 54, 68, 146, 215

〔さ行〕

ジェスチャー	146
視覚重視	161, 165, 168
視覚優位型	152
叱り方	124
自己認識レベル	102
質問	86, 90, 92
自問自答	86, 88
状態	14, 69
焦点化の原則	18, 24, 78
省略	52, 194, 202, 206
初頭効果	191
親近感	136, 140
深層部	195
身体感覚	72
身体感覚重視	162, 166, 168
身体感覚優位型	152
信念・価値観レベル	
	102, 106, 108, 117
心理的距離	138
ストラテジー	170
セルフコントロール	88
潜在意識	20, 82, 84
戦略	170

〔た行〕

体験	32, 36, 40, 68, 104, 215
聴覚重視	161, 165, 168

聴覚優位型　　　　　　　　152

〔な行〕

ニューロロジカルレベル
　　　　　　　　102, 107, 119
脳のプログラム　　　　　　18
能力　　　　　　　　　14, 109
能力レベル　102, 106, 108, 117

〔は行〕

表層部　　　　　　　　　195
VAK　　　　　　　　15, 169
プリフレーム　　　　　　190
フレーミング　　　　　　186
フレーム　　　　　　92, 186
プレゼンテーション　74, 191
プログラム　　　　　　　40
ペーシング　　　　　　　144
ほめ方　　　　　　　　　122

〔ま行〕

無意識　　　　　　　　　25
無意識レベル　　　　146, 150
名詞化　　　　　　　　　208
メタモデル　　194, 202, 214
メラビアンの法則　　　　147
モデリング　　　　　　　113

〔や行〕

優位感覚　　　　　　　　152

〔ら行〕

ラポール　　137, 140, 142, 150
リーディング　　174, 176, 180
リフレーム　　　　　92, 186

〔わ行〕

歪曲　　　　58, 195, 203, 210

〈参考文献〉

- 「NLPのすすめ」
  ジョセフ・オコーナー／ジョン・セイモア著
  橋本敦生訳　チーム医療
- 「魔術の構造」
  リチャート・バンドラー、ジョン・グリンダー著
  尾川丈一／高橋慶治／石川正樹訳
  亀田ブックサービス
- 「できることから始めよう──こころの習慣365日」
  アンソニー・ロビンズ著　堤江実訳　PHP
- Encyclopedia of systemic Neuro-Linguistic programming and NLP New Coding
  Robert Dilts／Judith Delozier
  NLP University Press
- Applications of Neuro-Linguistic programming
  Robert Dilts
  Meta Publications
- From Coach to Awakener
  Robert Dilts
  Meta Publications
- Unlimited Pawer
  Anthony Robins
  Simon and Schuster
- The User's Manual for the Brain
  L Micheal Hall／Bob Bodenhamer
  Crown House Pub Ltd
- 「1分間マネージャー」
  ケネス・ブランチャード／スペンサー・ジョンソン
  小林薫訳　ダイヤモンド社
- 「それでも人生にイエスと言う」
  VEフランクル　春秋社
- 「少女パレアナ」
  エレナ・ポーター著　村岡花子訳　角川書店

● 著者紹介

山崎 啓支（やまさき ひろし）

経営コンサルタント会社を経て、2002年に能力開発トレーナーとして独立。
その間、15年以上にわたって心理学、脳機能研究等の科学的分野をはじめ、ヨーガ、密教といった伝統的な能力開発体系にいたるまで独自に研究。また、3000人以上の経営者やビジネスパーソンのカウンセリングを担当し、独自のシンプルかつ実践的な能力開発法を開発した。
現在は、NLP（神経言語プログラミング）の資格認定コースとNLPを応用したコミュニケーション、自己実現、目標管理、リーダーシップなどのテーマのセミナーを全国主要都市で開催しており、自らの体験に基づく独自のプログラムは多くのクライアントの共感を受けている。セミナートレーナーとしての在り方はきわめて情熱的で、自らのミッションを生きようとするトレーナーとしての姿勢そのものが、多くのクライアントに影響を与えている。

・株式会社NLPラーニング代表取締役　http://www.nlplearning.jp/
・社団法人日本能率協会　協力講師・米国NLP協会認定トレーナー

〈著書〉『実務入門 NLPの実践手法がわかる本』『マンガでやさしくわかるNLP』
『マンガでやさしくわかるNLPコミュニケーション』（小社）
『願いがかなうNLP』『人生の秘密』（ともにサンマーク出版）
『人やチームを上手に動かすNLPコミュニケーション術』（明日香出版）など

NLPを知る・わかる・活用できる
超実践型メールセミナーを無料でお届けします。
ご興味のある方は、以下のアドレスよりお申し込みください。
http://www.nlplearning.jp/

実務入門　NLPの基本がわかる本

2007年8月30日　初版第1刷発行
2019年7月5日　　　第19刷発行

著　　者──山崎啓支
　　　　　　© 2007　Hiroshi Yamasaki
発 行 者──張　士洛
発 行 所──日本能率協会マネジメントセンター
〒103-6009　東京都中央区日本橋2-7-1　東京日本橋タワー
TEL　03(6362)4339（編集）／03(6362)4558（販売）
FAX　03(3272)8128（編集）／03(3272)8127（販売）
http://www.jmam.co.jp/

装　　丁──渡邊民人
本文DTP──株式会社マッドハウス
印 刷 所──シナノ書籍印刷株式会社
製 本 所──株式会社三森製本所

本書の内容の一部または全部を無断で複写複製（コピー）することは、法律で認められた場合を除き、著作者及び出版者の権利の侵害となりますので、あらかじめ小社あて許諾を求めてください。

ISBN 978-4-8207-4447-4 C2034
落丁・乱丁はおとりかえします。
PRINTED IN JAPAN

JMAM 好評既刊図書

実務入門
NLPの実践手法がわかる本

山崎啓支　著

NLPの具体的なワークの実践手順を示し、それを通じ潜在意識レベルのプログラムの書き換えを体験できる、類書にない画期的な本。
A5判256頁

マンガでやさしくわかるNLP

山崎啓支　著
サノマリナ　作画

能力開発の実践手法、NLP（神経言語プログラミング）の基本知識や実践の基礎が、マンガを読みながらやさしく学べる本。
四六判240頁

マンガでやさしくわかる
NLPコミュニケーション

山崎啓支　著
サノマリナ　作画

『マンガでやさしくわかるNLP』の第2弾。NLPを使ってコミュニケーションのさまざまな問題を解決する方法をやさしく学べます。
四六判256頁

マンガでやさしくわかる
成功するNLP就活術

山崎啓支　著
松岡とも子　作画
星井博文　シナリオ制作

人気シリーズの第4弾。就職活動に使えるＮＬＰの各種手法をコミカルなマンガのストーリーを読みながら楽しく学べる本です。
四六判256頁

日本能率協会マネジメントセンター